시청각으로 배우는 일본어

시청각으로 배우는 일본어

천호재

역락

본서는 중급 이상의 일본어 학습자가 최정점의 일본어 청취 능력을 지니도록 하기 위해 만들어진 교재입니다. 일본인들과 의사소통이 실현되기 위해서는 청취는 매우 중요합니다. 청취란 무엇인가를 단순히 듣는 것이 아니라 상대방(텔레비전, 동영상 등)의 말을 듣고 이해하고 자신이 해야 할 무엇인가를 인식한다는 것입니다. 청취가 되면 말할 수 있고, 말할 수 있으면 읽을 수 있고, 읽을 수 있으면 쓸 수 있게 될 것입니다.

그러면 무엇을 가지고 청취를 할 것이냐 하는 문제가 대두됩니다. 가급적이면 다양한 소재를 담은 텍스트를 청취할 필요가 있는데, 본 교재에서는 13편의 문학작품을 텍스트로 선정하였습니다. 문학작품을 텍스트로 한 이유는 청취 능력의 향상뿐만 아니라, 학습자들의 지적 지평선의 확장을 꾀해보기 위함입니다. 물론 이러한 필자의 노력이 현실적으로 성과를 보일 수 있었던 것은 긴파라 다카후미(金原隆史) 씨 덕택입니다. 긴파라 다카후미 씨는 현재 キクドラ 대표이사로 일본문학의 대중화를 실천하고자 노력하시는 분이십니다. 우리 학생들의 일본어 청취 능력의 향상과 일본문학에 대한 심도 있는 이해를 위해 교재를 만들어 볼 수 없겠는가 하는 저의 요청을 긴파라 다카후미 씨는 흔쾌히 승낙을 해주셨습니다. 다시 한 번 지면을 빌어 긴파라 다카후미 씨에게 심심한 감사의 말씀을 올리는 바입니다.

본 교재에서 제공하는 13편의 작품은 일본 성우들의 음성을 직접 필자가 녹취한 것이며, キクドラ〜ラジオドラマで聴く名作文学 사이트나 유튜브를

통해서 언제 어디서든 자신이 원하는 시간에 원하는 장소에서 핸드폰으로 청취가 가능합니다.

본서는 일본어를 단순히 듣고 단순히 한국어로 이해하는 구성을 취하지 않고 여러 단계에 걸쳐 학습자들이 반복적으로 일본어에 노출되도록 함으로써 다음과 같이 일본어 청취 능력의 향상을 꾀했습니다.

먼저 각 장에 들어가기 전에 각 장의 주요 키워드를 제시하였습니다. 주요 키워드들을 이해함으로써 여유를 가지고 본문을 접할 수 있도록 했습니다.

둘째, 주요 키워드를 학습자들이 이해하였다고 해서 학습자들이 바로 본문을 청취하기에는 여전히 무리가 있습니다. 따라서 본서에서는 들리는 단어를 히라가나나 한자로 적어보는 코너를 설치하였습니다.

셋째, 본서에서는 각 장의 본문을 3등분 혹은 4등분하여 학습자들의 학습 부담을 줄이고자 했습니다. 본문 이해에 들어가기 전에 본문에 나오는 단어와 한국어 의미를 제시하였습니다. 그리고 한자 단어에는 후리가나를 제시하였습니다. 또한 단어와 더불어 연어를 제시함으로써 결과적으로 학습자들의 어휘력이 향상될 수 있도록 도모했습니다. 여기에서 학습자들은 자신의 핸드폰에 일본어 단어를 녹음한 뒤 끊어 들으면서 한국어 의미를 말해보면 학습 효과가 클 것으로 생각됩니다. 그리고 본문 이해를 돕고자 간략하게 문법 정보도 제시하였습니다.

넷째, 본문의 일본어 문장을 읽고 번역을 하도록 하였습니다. 여기에서 학습자들은 단지 한국어를 이해한 것에 머무르지 말고 자신이 이해한 것을 공란에 한국어 문장으로 기입하기 바랍니다. 즉 자신이 이해한 일본어를 머릿속에만 넣어두지 않고 별도의 장소에 저장한다는 느낌으로 작성해보는 것입니다. 이 때 번역은 세련된 한국어가 아니어도 괜찮습니다. 평이한 문체로 한국어 문장을 작성하면 됩니다.

다섯째, 한국어로 번역된 부분에 집중하면서 성우들의 음성 연기를 다시 청취할 수 있도록 했습니다. 이 코너를 설정한 이유는 한국어 구조와 일본어 구조의 차이를 학습자들이 실감함으로써 결과적으로 일본어 고유의 표현적 특징들을 학습자들이 잘 포착할 수 있도록 의도했기 때문입니다.

여섯째, 첫째에서 다섯째에 걸쳐 3, 4등분된 본문을 접한 학습자들이 드디어 전체 문장을 들으며 대의를 파악할 수 있도록 했습니다. 필자는 여러 단계에 걸쳐 학습자들이 대의를 파악하는 것이 학습 부담이 훨씬 덜 하다고 믿고 있기 때문입니다.

일곱째, 학습자들이 보다 완벽하게 본문을 이해할 수 있도록 본문에 관련된 일본어 질문을 마련하였습니다. 학습자들은 질문을 읽고 독백의 형태로 대답을 하거나 공란에 답을 쓰면 됩니다. 아니면 수업에서 교수자가 학습자들에게 묻고 대답을 하도록 하는 방법도 생각할 수 있습니다. 묻고 대답하고, 읽고 쓰는 형식으로 학습이 진행되면 청취 능력 외에 다양한 능력이 함양될 것입니다.

마지막으로 일본어 문장을 읽고 본문 내용과 일치하는 것에는 ○를, 일치하지 않는 것에는 ×를 기입하는 코너를 마련함으로써 학습자들의 청취 능력이 정점에 다다를 수 있도록 했습니다. 정답은 본문에 나와 있습니다. 본문을 반복해서 듣다보면 잘 안 들리던 부분이 어느 새 쉽게 들리는 자신을 발견하게 될 것입니다.

이상, 본서의 구성을 말씀드렸습니다만 일본어 청취를 위한 소재가 문학에만 치우쳐서는 안 된다고 판단하여 필자는 부록에 정치, 경제, 사회, 문화에 관련된 유튜브 동영상 제목을 제시함으로써 학습자들이 화면을 보면서 일본어 청취를 할 수 있도록 하였습니다. 평소에 잘 접하기 어려운 일본 관련 유튜브 동영상을 보면서 일본어 청취 능력도 향상되고 자신들의 지적 역량도 향상되었으면 하고 바라고 있습니다.

본서에 제시된 대로 꾸준히 100일 정도(매일 30분~1시간) 학습해 나가다 보면 일본어가 쉽게 들리는 자신을 발견하게 될 것입니다.

본서는 4차산업 시대에 걸맞게 시공의 제약을 받지 않고 자유로이 청취 학습이 가능하다는 점을 다시 한 번 강조합니다. 이러한 본서의 가치가 빛을 발할 수 있게 된 데에는 전적으로 도서출판 역락의 이대현 사장님과 박태훈 이사님 덕택입니다. 지면을 빌어 두 분에게 심심한 감사의 말씀을 올립니다. 그리고 원고의 정리에서 편집에 이르기까지 많은 노고를 아끼지 않으신 홍혜정 과장님, 정성껏 책 표지 디자인에 심혈을 기울여주신 홍성권 대리님, 본문의 일본어를 검토해 주신 경북대학교 일어일문학과의 야하라 마사히로(矢原正博) 교수님에게도 진심으로 감사의 뜻을 전합니다.

2018년 2월
천호재

Unit 1

おじいさんのランプ(1942年)

<ruby>新美南吉<rt>にいみなんきち</rt></ruby> 作(1913年〜1943年)・きくドラ 脚色

【key words】

昔の鉄砲、置きランプ、塩湯治、大野、明治、人力車、行燈、ランプ屋、石油入れ、マッチ

들리는 단어를 히라가나나 한자로 적어봅시다.

....

....

....

....

....

....

....

....

....

....

[1] 아래 일본어 단어의 의미를 새기면서 읽어봅시다.

- 納屋 헛간 • 昔 옛날 • 鉄砲 총포, 총 • 置きランプ 남포등

- 立派 훌륭함 • 天井 천정 • 吊るす 매달다 • ずいぶん 몹시, 꽤, 상당히

- 形が違う 형태가 다르다 • 色々 여러 가지 • めずらしい 드물다, 새롭다

- 残る 남다 • 使う 사용하다 • 頃 무렵, 쯤 • 話 이야기 • 新美南吉 니미난키치(소설가)

- 苦労 고생 • 巳之助 미노스케(인명) • 人力車 인력거 • 先づな 앞잡이 • 頑張る 노력하다

- 骨が折れる 고생하다, 노력을 요하다 • 山道 산길 • 急ぎの客 급한 손님 • 二人 두 사람

- 引かねえと 引かないと, 끌지 않으면 • 駄賃 운임, 심부름값 • 倍出す 두 배를 내다

- 帰り 귀가, 돌아가는 길 • 空텅 빔 • お前 너 • 町 동네, 마을, 도시 • 見物する 구경하다

- 行きな 行きなさい의 준말 • 村を出る 마을을 나오다(나가다) • 初めて 처음

- 忘れるとこだった 忘れるところだった 잊을 뻔했다 • こいつ これ의 속된 표현, 사람

  을 지칭할 때도 쓰임, 이 녀석 • 十五銭 15전(현재 銭이란 화폐 단위는 사용되지 않음)

[2] 아래 본문의 한자 단어에 주목하면서 문장을 들어봅시다. (~02:20)

「おじいさん」「何だい、東一」「納屋にこんなものがあったんだけど…」「お、これは」「みんな、これ、昔の鉄砲じゃないかていうんだ」「鉄砲なもんか、これはなあ東坊。置きランプだよ」「ランプ? ランプなの? これ」「あ、これも立派なランプさ」「天井から吊るすランプとは、ずいぶん形が違うんだね」「ランプにも色々あってな。これはめずらしいものだ。そうか。うちにまだこれがあったのか。もう残っていないと思っていたのになあ」「もうって?」「東坊、そこへお座り。これからおじいさんがその置きランプがまだ使われていた頃の話をしてやろう」　新美南吉 作

<おじいさんのランプ>

「ご苦労だったな、巳之助。人力車の先づな、よく頑張った」「あ、骨が折れたよ」「山道に急ぎの客、二人で引かねえとな。まあ、駄賃は倍出すっていうから。帰りは空だ。おれ一人で引いていくから。お前は町でも見物して行きな」「ああ、そうするよ」「そうか。お前は村を出たのはこれが初めてだったな。お、忘れるとこだった。こいつは先づなの駄賃だ」「じゅ、十五銭も…」「それじゃな」「はい、いらっしゃい。いらっしゃい...」

[3] 위의 문장을 읽고 번역을 합시다.

....

....

....

....

....

....

....

....

....

....

....

....

....

[4] 한국어로 번역된 문장을 보면서 1/4의 일본어 원문을 들어봅시다.

[1] 아래 일본어 단어의 의미를 새기면서 읽어봅시다.

• 塩湯治질병을 치료하기 위해 해수에 몸을 담그는 것 • 有名유명

• 大野の町오노 마을 • 棚선반, 진열대, 가게 • 一杯가득, 많음 • おれ나(남자들이 사용함)

• 棚と言ったら가게로 말하자면 • しょぼい쩨쩨하다, 쪼잔하다 • 小間物잡화

• 一軒きりしかねえのに一軒+きり(만, 뿐)+しか(밖에)+ねえ(ない)+のに(는데)

• いけねえいけない의 속된 표현 • 夢中열심, 열중 • 暗い어둡다 • やがる얄미운 상대,

혹은 경멸의 대상이거나 막역한 친구 등의 사람의 행위에 대하여 막되게 표현하는 말

• 早く帰らねえと早く帰らないと • 山道산길 • 真っ暗だ아주 캄캄하다

• なんて놀라거나 질리거나 감탄할 때의 기분을 나타낼 때 쓰는 말

• 明るいんだ明るいのだ의 회화체, 밝은 거야 • まるで마치 • 松明횃불 • ご免미안!

용서해요! • おいおい이봐, 여봐 • あわてなさんなあわてる+なさるな→あわてな

いでください • ガラス戸유리문 • 壊れちまうよ壊れてしまうよ의 축약형

• 血相変える얼굴 표정을 바꾸다, 안색을 바꾸다 • 明治일본의 연호 • 行灯등롱, 초롱

• 贅沢品사치품 • はるばる멀리, 아득히 • 来なさったな来なさる의 과거형＋な, 오

셨군요 • ランプ屋램프 가게 • 売れ売る의 명령형 • ねえがないが의 속된 표현

• 坊남자아이 • お代요금, 대금 • 銭돈 • 坊にとっちゃ坊にとっては(~에 있어서는)의

축약형 • 大金큰돈 • あいにくと공교롭게도 • 店가게 • 売れる売る의 가능형

• 卸値도매가 • ふりかけで証文も書くで바로 이 자리에서 증서도 쓰겠어요

- ランプ屋でもねえ ランプ屋でもないの 속된 표현 • 卸せ 卸すの 명령형 • 注文 주문
- 灯してえ 灯したいの 속된 표현 • 親 부모, 양친 • いねえ いないの 속된 표현
- 兄弟 형제 • 身寄り 친척 • 区長 구장, 구청장 • 離れ 벗어남 • 情け 동정심
- 住まわせてもらっている 住む＋사역형＋もらう＋ている(양해 하에) 살고 있다
- このままじゃ このままでは • 一生 평생 • 厄介者 애물단지 • 商談成立 상담이 성립
- 商う 장사하다 • きっと 틀림없이 • ランプ屋になれる ランプ屋になることができる
- 決まる 결정되다 • 手始めに 시작으로, 첫걸음으로 • 特別 특별

[2] 아래 본문의 한자 단어에 주목하면서 문장을 들어봅시다. (02:20~05:51)

「はあ、ここが塩湯治で有名な大野の町か。棚が、棚が一杯ある。おれの村には棚と言ったら、しょぼい小間物や一軒きりしかねえのに。あ、いけねえ。夢中になっているうちに暗くなってきやがった。早く帰らねえと山道は真っ暗だ。ああ、何だ。これは。なんて明るいんだ。まるで松明だ。あ、ご免よ」「おいおい。ははあ、あわてなさんな。ガラス戸が壊れちまうよ。ウン、どうした。坊。血相変えて」「あ、あれを」「ウン、ああ、ランプかい?」「ランプ? はあ、ランプっていうのかい?」「お、おいおい。明治も、もう三十八年だぞ。ランプも見たことないのかい」「ねえ、おれの村には行灯きゃねえ。それも贅沢品だ」「そりゃはるばる来なさったな」「あの、ランプ売ってくれや」「そりゃ、うちはランプ屋だ。売れと言われて売らない法はねえが、ははあ、坊。お代は?」「あ、銭ならここに」「ウーン、ひ、ふ、み、十五銭。坊にとっちゃ大金だろうが、あいにくとこの店に

十五銭で売れるランプはねえな」「じゃ、卸値で売ってくれや。ふりかけで証文も書くで」「おいおい、ランプ屋でもねえものに卸せとは。それは無理な注文だ」「ハ、だったら、おれは今日から、ランプ屋になる」「お前...」「あのランプを、夜は真っ暗なおれの村にも灯してえ」「お前…」「巳之助だ」「巳之助、お前、親は?」「いねえ、親も兄弟も身寄りもねえ。区長さんとこの離れに情けで住まわせてもらっている。このままじゃ一生村の厄介者だ」「ウーン、わかった。巳之助。商談成立だ。お前その村でランプを商ってくれ」「はあ、いいのかい」「なあ、お前のその村をうちのランプで明るくしてやってくれ。お前ならきっといいランプ屋になれる」「わかった。そうするよ」「へへへ、そうと決まれば、手始めにこいつだ。この店でいちばん大きいランプ。特別に十五銭で卸してやる」「はあ、おじさん。おれ頑張るよ」

[3] 위의 문장을 읽고 번역을 합시다.

[4] 한국어로 번역된 문장을 보면서 2/4의 일본어 원문을 들어봅시다.

[1] 아래 일본어 단어의 의미를 새기면서 읽어봅시다.

• 今月이번 달 • 大分상당히, 꽤, 제법 • すっかり죄다, 몽땅 • 品薄품귀

• 仕入れに行く매입하러 가다 • 三月ぶりか석 달만인가 • 往来한길, 거리

• やけに속어)무척 • 騒がしい소리가)시끄럽다 • 工事공사 • おや놀랍거나 의문이 생

겼을 때 사용하는 말, 어라, 어럽쇼 • 甘酒감주 • 毎度"매번 와주셔서 감사합니다."라는

뜻의 인사말 • 往来に立ててる한길에 세우고 있는 • 柱기둥(전봇대를 의미함)

• 縄を張る새끼줄(전선을 의미함)을 치다 • すずめ참새 • 休み場所쉬는 장소

• 知らねえんだな知らないんだな의 속된 표현 • 今度이번 • 電気が通る전기가 놓이다

• 小せえ小さい의 속된 표현 • しまう치우다 • 頼りねえ頼りない미덥지 못한

• 商い장사 • 困らねえのかい困らないのかい • 第一우선 • 石油入れ석유 넣는 곳

• ついてねえじゃねえかついていないじゃないか • いらねえんだいらないのだ

• マッチ성냥 • おまけに더군다나, 게다가 • 火事の心配화재 염려 • そろそろ슬슬

• みてなみていなさい • おおっ!놀라움을 나타내는 말 • 明るさ밝기

• 言っちゃ悪い言っては悪い말하기 뭣하다 • 太刀打ち칼싸움, 맞섬, 맞겨룸

• 決める결정하다 • おのれ区長め너, 구장놈!

• いやがったりじゃねえかいやがる＋たり＋ではない＋かい싫어하는 게 아닌 가

• 覚悟ってもんがあるぞ覚悟というものがあるぞ • 見てろよ見ていろよ두고 보자구

[2] 아래 본문의 한자 단어에 주목하면서 문장을 들어봅시다. (05:52~08:15)

　「ランプー。ランプーはいらんか。へえ、今月も大分売れたな。すっかり品薄だ。また大野の町に仕入れに行くか。大野の町も三月ぶりか。お? 往来がやけに騒がしいな。工事か。お、ご免」「いらっしゃい。おや、巳之さん」「甘酒をくれ」「毎度」「なあ、往来に立ててるあの柱は何だ。縄まで張って…。すずめのいい休み場所だぞ」「そうか。巳之さん。まだ知らねえんだな。今度大野に電気が通ったんだよ」「で、電気?」「あ、あれだよ」「ああ、何だよ。その小せえランプは? おれが売った前のランプは?」「しまったよ」「しまった? そんな頼りねえランプで商いは困らねえのかい。第一、石油入れもついてねえじゃねえか」「はあ、いらねえんだ。マッチもいらねえんだ。おまけに火事の心配もねえときいた」「マッチがなくてどうやって灯す?」「そろそろ、暗くなってきたな」「みてな」「おおっ! な、何だ、これは?」「巳之さん、これが電気だよ」「電気」「まあ、この明るさだ。言っちゃ悪いが、ランプじゃとても太刀打ち出来ねえな」「ウーン。何だと? この村に電気が。区長さんが決めたのかい。おっ、おのれ区長め。おれの商売いやがったりじゃねえか。よしそっちがそう出るなら、おれにも覚悟ってもんがあるぞ。見てろよ」

[3] 위의 문장을 읽고 번역을 합시다.

[4] 한국어로 번역된 문장을 보면서 3/4의 일본어 원문을 들어봅시다.

[1] 아래 일본어 단어의 의미를 새기면서 읽어봅시다.

• 区長め구장 녀석 • 家が燃えちまう家が燃えてしまう의 축약형

• 考えも変わる생각도 바뀌다 • 誰のおかげで누구의 덕택으로

• 明るくなったと思っていやがる동사의 음편형＋いやがる(やがる)경멸이나 증오, 원

한, 미움의 기분을 담아 상대의 동작을 표현하는 것, (누구 덕택에) 밝아졌다고 생각하는 거야!

• いっそ차라리 • 燃えちまえ燃えてしまえ의 축약형

• マッチがねえ マッチがない 성냥이 없다 • 火がつかねえか火がつかないか

• 目を覚まされちまう目を覚ます의 수동형, 目を覚まされてしまう, 잠이 깨버리다

• マッチをもってくりゃよかったマッチをもってくれればよかった성냥을 가지고 왔

더라면 좋았을 걸 • 火打ち부싯돌로 불을 붙임 • 古くせいもん古くさいもの

• いざというとき만일의 경우, 여차한 경우, 뭔가를 하려고 할 경우 • 間に合わねえ

間に合わない • 自分자기, 자신 • 商い大事さ장사의 소중함 • 邪魔방해

• 今日限りに廃業오늘로 폐업 • すっぱりと시원스럽게 자르는 모양 • ランプ屋をや

める램프장사를 그만두다 • 幸い다행스럽게도 • 女房마누라 • しっかり者건실한 사람

• わずかな蓄え얼마 안 되는 저축 • 本屋を始める서점을 시작하다 • 今度이번

• 新しい火を灯す새로운 불을 밝히다(켜다) • 慣れぬこと익숙하지 않은 일

• 苦労고생 • 今じゃ今では지금은 • 息子아들 • 家督をつがせる가독을 잇게 하다

• 悠々自適유유자적 • 隠居暮らし모습을 드러내지 않고 지냄 • 可愛い孫귀여운 손자

• 偉かった偉い의 과거형

[2] 아래 본문의 한자 단어에 주목하면서 문장을 들어봅시다. (08:16〜)

「ヘッヘへへ。区長め。家が燃えちまえば考えも変わるだろう。誰のおかげで明るくなったと思っていやがる。こんな村、いっそ燃えちまえ。ヘッヘへへ。へへへ。あ、しまった。マッチがねえ。まあいいか。こいつで。ジッ、ウッ!エーイ。どうした。早く火がつかねえか。エーイ、こんな時にそれにこの音疲れて寝てても目を覚まされちまう。マッチをもってくりゃよかった。こんな火打ちみたいな古くせいもんは、いざというときに間に合わねえ。ハ、古くせえもんはいざというとき、間に合わねえ。古くせえもんは間に合わねえ…」「なんて明るいんだ。これを、この光をあの暗い村にもっと灯してえ」「おれはあの時、そう思ったのに、今は自分の商い大事さにそれを邪魔しようとしている。おれは、おれは。エーイ、やめたやめた。ランプ屋巳之助。今日限りに廃業だ」

「それで巳之助さんはどうしたの?」「ハ、本当にすっぱりとランプ屋をやめてしまったのさ」「大変だったね」「幸い女房がしっかり者でな。わずかな蓄えがあったので、この大野に出て本屋を始めた。その頃まだ大野には本屋がなかったからね。今度はこの町の人たちの心に新しい火を灯したかったのさ。最初は慣れぬことで苦労もしたが、今じゃ息子に家督をつがせて悠々自適の隠居暮らしさ。アッハハハ。可愛い孫も生まれたしな」「おじいさん」「ウン?何だい。東坊」「おじいさんは偉かったんだね」 <終り>

[3] 위의 문장을 읽고 번역을 합시다.

[4] 한국어로 번역된 문장을 보면서 4/4의 일본어 원문을 들어봅시다.

[5] 전체 문장을 의미를 되새기면서 들어봅시다.

「おじいさん」「何だい、東一」「納屋にこんなものがあったんだけど…」「お、これは」「みんな、これ、昔の鉄砲じゃないかっていうんだ」「鉄砲なもんか、これはなあ東坊。置きランプだよ」「ランプ? ランプなの?これ」「あ、これも立派なランプさ」「天井から吊るすランプとは、ずいぶん形が違うんだね」「ランプにも色々あってな。これはめずらしいものだ。そうか。うちにまだこれがあったのか。もう残っていないと思っていたのになあ」「もうって?」「東坊、そこへお座り。これからおじいさんがその置きランプがまだ使われていた頃の話をしてやろう」

新美南吉 作 ＜おじいさんのランプ＞

「ご苦労だったな、巳之助。人力車の先づな、よく頑張った」「あ、骨が折れたよ」「山道に急ぎの客、二人で引かねえとな。まあ、駄賃は倍出すっていうから。帰りは空だ。おれ一人で引いていくから。お前は町でも見物して行きな」「ああ、そうするよ」「そうか。お前は村を出たのはこれが初めてだったな。お、忘れるとこだった。こいつは先づなの駄賃だ」「じゅ、十五銭も…」「それじゃな」「はい、いらっしゃい。いらっしゃい...」

「はあ、ここが塩湯治で有名な大野の町か。棚が、棚が一杯ある。おれの村には棚と言ったら、しょぼい小間物や一軒きりしかねぇのに。あ、いけねえ。夢中になっているうちに暗くなってきやがった。早く帰らねえと山道は真っ暗だ。ああ、何だ。これは。なんて明るいんだ。まるで松明だ。あ、ご免よ」「おいおい。ははあ、あわてなさんな。ガラス戸が壊れちまうよ。ウ

ン、どうした。坊。血相変えて」「あ、あれを」「ウン、ああ、ランプかい?」「ランプ?はあ、ランプっていうのかい?」「お、おいおい。明治ももう38年だぞ。ランプも見たことないのかい」「ねえ、おれの村には行灯きゃねえ。それも贅沢品だ」「そりゃ、はるばる来なさったな」「あの、ランプ売ってくれや」「そりゃ、うちはランプ屋だ。売れと言われて売らない法はねえが、ははあ、坊。お代は?」「あ、銭ならここに」「ウーン、ひ、ふ、み、15銭。坊にとっちゃ大金だろうが、あいにくとこの店に十五銭で売れるランプはねえな」「じゃ、卸値で売ってくれや。ふりかけで証文も書くで」「おいおい、ランプ屋でもねえものに卸せとは。それは無理な注文だ」「ハ、だったら、おれは今日から、ランプ屋になる」「お前...」「あのランプを、夜は真っ暗なおれの村にも灯してえ」「お前…」「巳之助だ」「巳之助、お前、親は?」「いねえ、親も兄弟も身寄りもねえ。区長さんとこの離れに情けで住まわせてもらっている。このままじゃ一生村の厄介者だ」「ウーン、わかった。巳之助。商談成立だ。お前その村でランプを商ってくれ」「はあ、いいのかい」「なあ、お前のその村をうちのランプで明るくしてやってくれ。お前ならきっといいランプ屋になれる」「わかった。そうするよ」「へへへ、そうと決まれば、手始めにこいつだ。この店でいちばん大きいランプ。特別に十五銭で卸してやる」「はあ、おじさん。おれ頑張るよ」

　「ランプー。ランプーはいらんか。へえ、今月も大分売れたな。すっかり品薄だ。また大野の町に仕入れに行くか。大野の町も三月ぶりか。お?往来がやけに騒がしいな。工事か。お、ご免」「いらっしゃい。おや、巳之さん」

「甘酒をくれ」「毎度」「なあ、往来に立ててるあの柱は何だ。縄まで張って…。すずめのいい休み場所だぞ」「そうか。巳之さん。まだ知らねえんだな。今度大野に電気が通ったんだよ」「で、電気?」「あ、あれだよ」「ああ、何だよ。その小せえランプは? おれが売った前のランプは?」「しまったよ」「しまった? そんな頼りねえランプで商いは困らねえのかい。第一、石油入れもついてねえじゃねえか」「はあ、いらねえんだ。マッチもいらねえんだ。おまけに火事の心配もねえときいた」「マッチがなくてどうやって灯す?」「そろそろ、暗くなってきたな」「みてな」「おおっ! な、何だ、これは?」「巳之さん、これが電気だよ」「電気」「まあ、この明るさだ。言っちゃ悪いが、ランプじゃとても太刀打ち出来ねえな」「ウーン。何だと? この村に電気が。区長さんが決めたのかい。おっ、おのれ区長め。おれの商売いやがったりじゃねえか。よしそっちがそう出るなら、おれにも覚悟ってもんがあるぞ。見てろよ」

「ヘッヘへへ。区長め。家が燃えちまえば考えも変わるだろう。誰のおかげで明るくなったと思っていやがる。こんな村、いっそ燃えちまえ。ヘッヘへへ。へへへ。あ、しまった。マッチがねえ。まあいいか。こいつで。ジッ、ウッ! エーイ。どうした。早く火がつかねえか。エーイ、こんな時にそれにこの音疲れて寝てても目を覚まされちまう。マッチをもってくりゃよかった。こんな火打ちみたいな古くせいもんは、いざというときに間に合わねえ。ハ、古くせえもんはいざというとき、間に合わねえ。古くせえもんは間に合わねえ」「なんて明るいんだ。これを、この光をあの暗い村にもっと

灯してえ」「おれはあの時、そう思ったのに、今は自分の商い大事さにそれを邪魔しようとしている。おれは、おれは。エーイ、やめたやめた。ランプ屋巳之助。今日限りに廃業だ」

「それで巳之助さんはどうしたの?」「ハ、本当にすっぱりとランプ屋をやめてしまったのさ」「大変だったね」「幸い女房がしっかり者でな。わずかな蓄えがあったので、この大野に出て本屋を始めた。その頃まだ大野には本屋がなかったからね。今度はこの町の人たちの心に新しい火を灯したかったのさ。最初は慣れぬことで苦労もしたが、今じゃ息子に家督をつがせて悠々自適の隠居暮らしさ。アッハハハ。可愛い孫も生まれたしな」「おじいさん」「ウン? 何だい。東坊」「おじいさんは偉かったんだね」

<終り>

[6] 아래의 일본어 질문에 일본어로 대답합시다.

① 納屋から出てきたのは、何でしたか。

....

② 主人公の巳之助は、何を引いていましたか。

....

③ 巳之助は、人力車の仲間からいくらもらいましたか。

....

④ 巳之助は、置きランプを初めて見たのはいつですか。

....

⑤ 巳之助には親、兄弟がいましたか。

....

⑥ 巳之助が、大野の町に来たのは、何月ぶりですか。

....

⑦ 巳之助が、訪れた大野の町には、何が入っていましたか。

....

⑧ 巳之助は、村を燃やしましたか。

....

⑨ どうして、燃やしませんでしたか。

....

⑩ 巳之助は、置きランプ屋をやめて、何を始めましたか。

....

⑪ この話を聞いて、何を感じましたか。

....

[7] 아래의 일본어 문장을 읽고 본문 내용과 일치하는 것에는 ○를, 일치하지 않
   는 것에는 ×를 기입하세요.

① これからおじいさんがその置き時計がまだ使われていた頃の話をしてや
   ろう。   (   )

② 山道に急ぎの客、二人で引かねえとな。 まあ、運賃は倍出すっていうか
   ら。 帰りは空だ。   (   )

③ おれの町には棚と言ったら、しょぼい小間物や一軒きりしかねぇのに。

（　　）

④ そりゃうちは電気屋だ。売れと言われて売らない法はねえが、ははあ、坊。お代は？

（　　）

⑤ 町長さんとこの離れに情けで住まわせてもらっている。このままじゃ一生村の厄介者だ。

（　　）

⑥ なあ、お前のその村をうちのランプで明るくしてやってくれ。

（　　）

⑦ また大野の町に仕入れに行くか。大野の町も四月ぶりか。

（　　）

⑧ おれはあの時、そう思ったのに、今は自分の商い大事さにそれを邪魔しようとしている。

（　　）

⑨ わずかな蓄えがあったので、この大野に出て薬屋を始めた。

（　　）

⑩ 最初は慣れぬことで苦労もしたが、今じゃ娘に家督をつがせて悠々自適の隠居暮らしさ。

（　　）

Unit 2

<ruby>心<rt>こころ</rt></ruby> の <ruby>旅路<rt>たびじ</rt></ruby>(1941年)

ジェームズ・ヒルトン 作(1900年〜1954年)・きくドラ 脚色

[1] 아래 일본어 단어의 의미를 새기면서 읽어봅시다.

• いらっしゃいませ어서오십시오 • おやおや감동사)이런이런, 어이구

• お連れ동반자를 높인말 • ご一緒함께 있다는 뜻의 높임말 • ダンス춤 • 仲間 동료

• 毎度あり毎度ありがとうございます의 준말 • 僕남자아이들이나 남성들이 자신을 지

칭할 때 쓰는 일인칭, 나 • 煙草담배 煙草をやる담배를 하다(피우다)

• 骨董ライター골동품 라이터 • ドイツ독일 • よい品좋은 물건

• よい品が入る좋은 물건이 들어오다 • 戦争に勝つ전쟁에 이기다

• 前途有望전도유망 • 若者젊은이 • 大勢많이 • 亡くなる죽다 • せいぜい고작, 기껏

• 賠償金배상금 • 賠償金を取り立てる배상금을 받아 내다 • 金持ち부자

• ハリソンったら허리슨도 참 • 동사의 연용형＋やがる상대 동작을 경멸해서 쓰는 표현

• 見る보다 • 見せる타동사)보이다(보여주다) • 見える자동사) 보여지다(보이다) • 確

かに분명히 • 煙草を吸う담배를 피우다 • 銘柄상표, 상품명 • 思い出す생각해내다

(생각나다) • 店가게 • 嗅がれる嗅ぐ(냄새를 맡다)의 수동형 • 迷惑성가심, 민폐

[2] 아래 본문의 한자 단어에 주목하면서 문장을 들어봅시다. (~1:41)

　「いらっしゃいませ」「こんにちはジム」「おやおや、これはミスリッジ

ウェイ。今日はお連れもご一緒で」「え、こちらハリソン。私のダンス

仲間」「ハリソンです。よろしく」「いつもの8オンスね。毎度あり。お、

ハリソンさんは」「僕は煙草をやらないので」「あ、そうですか。では骨董

ライターなどは?ドイツからよい品がたくさん入っておりますよ」「戦争に

勝ったからな。前途有望な若者が大勢亡くなりました」「せいぜいドイツか

らは賠償金を取り立ててやることです」「そうだな。ウン?僕も金持ちに

なったら、そのうちライターでも買うよ」「ハリソンったら…」「お、い

らっしゃいまし」「はあ、また来やがった」「あ、ごめんください。た、

煙草を見せてください。僕は確かに煙草を吸っていたんだけど、銘柄がどう

しても思い出せないのです。この店には煙草がたくさんある。見ていれば、

思い出せるかもしれない」「思い出したら買ってくださいよ」「嗅がれるだ

けじゃ迷惑だ」

[3] 위의 문장을 읽고 번역을 합시다.

....

....

....

....

....

....

....

....

....

....

....

....

....

....

[4] 한국어로 번역된 문장을 보면서 1/5의 일본어 원문을 들어봅시다.

[1] 아래 일본어 단어의 의미를 새기면서 읽어봅시다.

• 何者だ무엇하는 자냐? 정체가 뭐냐? •丘の上언덕 위 •病院の患者병원 환자

• 週末주말 •ふらふら어슬렁어슬렁 •やってくる찾아오다 •全く어처구니 없을 때

내뱉는 말) 정말 •商売の邪魔영업 방해 •記憶が戻る기억이 되돌아오다

•気の毒에안타깝게도 •自分자신 •名前이름 •名前をもらう이름을 받다 •偽名가짜

이름 •手がかり단서, 실마리 •お金を払う돈을 지불하다 •あたし여성들이 자신을 지칭할

때 쓰는 대명사 •かまわんがかまわないが의 준말) 상관없지만 •おいおい여봐

•太っ腹도량이 큼, 배짱이 두둑함 •ほどがある정도가 있다 •ぜ남성들이 쓰는 종조

사, ~거야 •いくら아무리 •店の稼ぎ頭가게의 주수입원(매상을 많이 올려주는 사람)

•といえ~라고 해도 •気兼ねなく스스럼없이, 마음 편하게 •煙草をテイスティン

グする담배맛을 보다 •心の旅路마음의 여로 •思いつく좋은 아이디어가) 생각나다

•病院を退院する병원을 퇴원하다 •誰かなんて関係ない누구인지 따위 관계가 없다

•一緒になりたい같이 생활하고 싶다 •ゆっくり思い出す천천히 기억해내다

•無一文일푼 •ダンサーの稼ぎ댄서로 버는 돈 •心配いらない걱정 필요 없어

•家を借りる집을 세내다 •仕事が決まる일을 찾다 •苦労をさせる고생을 시키다

•採用通知채용 통지 •電報전보 •出版社출판사 •お店に出る가게에 출근하다

•鍵열쇠 •直におさらばさ곧바로 안녕이야 •おめでとう축하해 •あなたさえいれ

ば당신만 있으면 •ともかく좌우지간 •うまくすると잘만 하면 •給料급료

•前借가불(미리 급여를 받는 것) •気をつける조심하다, 주의하다

「何者だ」「丘の上の…」「あ、あの病院の患者か」「週末になるとふらふらやってくるんです。全く。商売の邪魔ですよ」「はあ、すみません。銘柄が思い出せれば、僕の記憶も戻るかもしれない」「まあ、気の毒に自分が誰かも思い出せないのね」「ええ、名前もです。病院でジョン・スミスという名前をもらったのですが…」「ウハハハ、何だ、それ。偽名にしてももう少し何とか…」「すみません。吸っていた煙草がわかれば、それを手がかりに何かを思い出せるかと…」「いいわ、ジム」「ああ、何だね」「お金はあたしが払う。ジョン・スミスさんに煙草を見せてあげて」「かまわんが…」「おいおいポーラ。太っ腹にもほどがあるぜ。いくら店の稼ぎ頭とはいえ」「決めたの。スミスさん。気兼ねなく煙草をテイスティングしてね」

「はあ、ありがとう。え、えーと」「ポーラよ」「ポーラ。よろしく。ジョン。え、そうね。スミス…」「スミシーはどうかしら」「スミシー?」「あなたはスミシーよ。今日から…」「スミシー」「ウン、ジョンよりは好きかな」「ウフフフ」 ジェームズ・ヒルトン 作 <心の旅路>

「ねえ、スミシー」「何だい。ポーラ」「すごくいいこと思いついたの」「いいこと?」「あなたはあの病院を退院するの」「ウフ、でも僕の記憶はまだ…」「あなたは本当は誰かなんて関係ないの。私はあなたと一緒になりたいの。自分が誰かはゆっくり思い出せばいいわ」「でも僕は無一文で…」「いいの。ポーラ姉さんがダンサーの稼ぎで食べさせてあげるわ。心配いらない」「でも…」「いいの。決めたの。もう家も借りたのよ。小

さな家だけど…」「ポーラ」「スミシー」

　「ポーラ」「どうしたの。スミシー」「仕事が決まった。本当?」「あ、これでもう君に苦労はさせない」「よかった」「採用通知の電報をもらった。これからその出版社に行ってくる」「さあ、私はこれからお店に出るの。だから鍵をもって行って。お家の鍵を…」「わかった。何こんな小さな家とも直におさらばさ」「スミシー、おめでとう。でもあたしはあなたさえいればそれでいいのよ」「ともかく行ってくる。うまくすると、給料も前借できるかもしれないぞ」「気をつけてね」

[3] 위의 문장을 읽고 번역을 합시다.

....

....

....

....

....

....

....

....

....

....

....

....

....

[4] 한국어로 번역된 문장을 보면서 2/5의 일본어 원문을 들어봅시다.

[1] 아래 일본어 단어의 의미를 새기면서 읽어봅시다.

• 建物건물 • 危ない위험하다 • 大丈夫괜찮음 • 何でもない아무 것도 아니야

• ひどく頭をぶつける심하게 머리를 부딪치다 • 平気아무렇지도 않음

• 一刻も早く한시라도 빨리 • 原隊원부대 • 復帰せねば復帰しなければ의 축약형)복

귀하지 않으면, 복귀해야 • 軍人군인 • 陸軍歩兵大尉육군 보병 대위 • ソミュールの

戦い소뮬 전투 • 行方不明행방불명 • 財団재단 • 御曹司명문집안의)자제 • 覚える기

억하다 • 砲撃포격 • くそ젠장 • 記憶がない기억이 나지 않다 • それにしても그건

그렇다 치고 • 一体도대체 • なんで왜, 어째서 • みすぼらしいコート볼품없는 코트

• 申し訳ない면목없다 • 歩兵師団本部보병사단본부 • 連絡を頼む연락을 부탁하다

• 戦争が終わる전쟁이 끝나다 • 写真사진 • 間違いない틀림없다 • 記事기사

• 驚く놀라다 • 本当の顔진짜 모습 • 次期会長차기회장 • 奇跡の生還기적의 생환

• 空白の３年間공백의 3년간 • 記憶なし기억 없음 • まさか설마 • おれたち庶民우

리들 서민 • 一生평생 • 手の届かない손이 닿지 않는 • 雲の上の人구름 위 사람

• 新会長새 회장 • 財団を引き継ぐ재단을 계승하다 • 下院議員選하원의원선거

• 足掻く발버둥 치다 • ダンサーをやめる댄서일을 그만두다 • わずかな蓄え얼마

안 되는 저축 • 簿記会計부기회계 • 学校に通う학교에 다니다

「エーット、ああ! あの建物だな」「危ない!オーイ、大丈夫か?」「あ、ありがとう。何でもない」「しかし、ひどく頭をぶつけたようだが…」「平気だ。それより一刻も早く原隊に復帰せねば」「オー、君は軍人か?」「あ、チャールズ・レイニア。陸軍歩兵大尉」「レイニア大尉? では、あのソミュールの戦いで行方不明になったというレイニア財団の御曹司かね」「行方不明? いや、知らない。覚えているのは砲撃、そうだ。砲撃だ。あの砲撃から。くそ、記憶がない。ともかく一刻も早く原隊に復帰だ。それにしても一体私はなんでこんなみすぼらしいコートを着ているのだ。君、申し訳ないが、ウェリントン歩兵師団本部に連絡を頼めないかな」「アー。いや、それは無理だ。レイニア大尉」「なに?」「戦争はもう終わった。3年前に…」「何だって?」

「スミシー、スミシー。どこ? あたしをおいてどこへ行ってしまったの」「ポーラ」「ハリソン」「この新聞を見ろ。ポーラ」「新聞?」「この写真、これスミシーじゃないのか」「エー、アー、確かにスミシーだわ。間違いない」「この記事を、驚いたな。これがスミシーの本当の顔だったとは…」「レイニア財団の次期会長、奇跡の生還。空白の3年間記憶なし。ハア、なんてこと?」「まさか、彼がおれたち庶民には、一生手の届かない雲の上の人だったとはね」「そんな…」「チャールズ・レイニア新会長は財団を引き継いだだけじゃなく、下院議員選にもうって出るそうだ。ハア、もう、おれたちどう足掻いても…」「いいえ、いいえハリソン」「ポーラ」「あたし、ダンサーをやめる。わずかな蓄えだけど、それで簿記会計の学校に通うの」　「ポーラ」

[3] 위의 문장을 읽고 번역을 합시다.

[4] 한국어로 번역된 문장을 보면서 3/5의 일본어 원문을 들어봅시다.

[1] 아래 일본어 단어의 의미를 새기면서 읽어봅시다.

•新しい秘書새로운 비서 •会長회장 •最初に言っておく가장 먼저 언급해 두다

•有能な秘書유능한 비서 •君にしか興味はない자네에게밖에 흥미는 없다

•独身なもので독신이기 때문에 •妙な期待をもつ묘한 기대를 가지다

•応募してくる응모해오다 •女性여성 •後を絶たない뒤가 끊이지 않다

•安心안심 •職務직무 •以外이외 •興味흥미 •熱意열의 •だといいのだがな그렇
다면 좋겠는데 말이야 •見たところ본 바 •美人미인 •君を選ぶ너를 선택하다

•一つの理由でもある하나의 이유이기도 하다 •まるで別人마치 다른 사람

•相談がある상담이 있다 •実は실은 •言いにくい말하기 어렵다 •表向き結婚겉만
부부가 되는 결혼 •偽装結婚위장결혼 •下院議員하원의원 •条件조건

•下らんしきたり쓸데없는 관습 •従うしかあるまい따를 수밖에 없을 것이다

•実に실로 •有能な秘書유능한 비서 •私生活사생활 •いい議員の夫人を演じる
좋은 의원의 부인을 연기하다 •君にしか頼めない자네에게밖에 부탁할 수 없다

•受けてもらえないだろうか승낙해줄 수 없을까 •何の憂いもない아무런 염려도
없다 •何だって뭐라고! •工場공장 •ストライキ파업 •タイミング타이밍

•旅行の準備をする여행준비를 하다 •行き先행선지 •記憶を取り戻す기억을 되
찾다 •さ迷う헤매다 •何の感慨もない場所아무런 감개도 없는 장소 •一つの縁하
나의 인연 •ポケット호주머니 •験担ぎ마음을 조이다 •くだらん気の迷い쓸데없는
마음의 방황 •さっさと片付ける곧바로 정리하다 •二度と行くもあるまいが두 번
다시 갈 일도 없겠지만

「君か。新しい秘書というのは…」「はい、レイニア会長。マーガレット・ハンソンです」「ミス、ハンソン。最初に言っておく。私は有能な秘書としての君にしか興味はない。なに私が独身なもので妙な期待をもって応募してくる女性が後を絶たないのでね」「ご安心ください。レイニア会長。私も職務以外には興味と熱意はございませんの」「だといいのだがな。見たところ、君は美人だしな。まあ、それが君を選んだ一つの理由でもある」「スミシー、まるで別人だわ。これが本当のあなたなの?」

　「マーガレット、相談がある」「何でしょう。会長」「実はその言いにくいことなのだが、私と表向き結婚してはくれないだろうか」「それは偽装結婚ということでよろしいのでしょうか」「ああ、そうだ。下院議員は結婚していることが条件だそうだ。下らんしきたりだが、従うしかあるまい」「そうですね」「君は実に有能な秘書だ。そこで私生活でも、いい議員の夫人を演じてもらいたい。君にしか頼めない。受けてもらえないだろうか」「わかりました」「ウン。よかった。これで何の憂いもない」

　「何だって。工場でストライキ?このタイミングでか」「会長」「マーガレット。旅行の準備をしてくれ。行き先はリバプールだ」「リバプール?」「ああ、私が記憶を取り戻したとき、さ迷っていた町だ。何の感慨もない場所だが、まあ、これも一つの縁というやつだろうな」「会長。その鍵は?」「これか?記憶を取り戻したとき、私が着ていたコートのポケットに入っていた鍵だ。験担ぎにもっている。くだらん気の迷いと笑ってくれていいよ」「いえ」「さて、ストライキの件は、さっさと片付けてしまうとしよう。まあ、リバプールなど、二度と行くこともあるまいが…」「スミシー」

[3] 위의 문장을 읽고 번역을 합시다.

....

....

....

....

....

....

....

....

....

....

....

....

....

....

....

[4] 한국어로 번역된 문장을 보면서 4/5의 일본어 원문을 들어봅시다.

[1] 아래 일본어 단어의 의미를 새기면서 읽어봅시다.

• 労働者諸君 노동자 제군 • 条件 조건 • 諸君ら 제군들 • 今後 금후

• 二度と 두 번 다시 • ストライキが起きる 파업이 일어나다

• 祈る 기도하다 • よっし 좋아 • 一件落着 하나의 안건이 결말이 나는 것

• うまく行きましたね 잘 해결이 되었군요 • 入念に 정성껏, 열심히

• 下調べ 사전조사 • 地ならし 정지작업, 땅고르기 • お陰 덕택, 덕분

• 心をつかむ 마음을 붙잡다 • 昔の知り合い 옛동료 • 柄の悪い下町の出 형편없는

동네 출신 • 意外 의외 • 一服 잠깐 쉼, 한 대 피움 • おやら, 이런

• 葉巻が切れる 궐련이 떨어지다 • 先の角を曲がる 앞모퉁이를 돌다

• 煙草屋 담뱃가게 • 初めて来る町 처음 온 동네 • 会長が記憶を取り戻すのに 회장

님이 기억을 되찾는 데에 • 邪魔 방해 • 宝くじに当たる 복권에 당첨되다

• 金が出来る 돈이 생기다 • 昔のよしみ 옛친분 • 自力 자력, 혼자 힘

• 道化 익살꾼, 광대 • 後悔する 후회하다 • 昔の知り合い 옛 지인

• 根回しをする 일이 잘 되도록 미리 방편을 쓰다

[2] 아래 본문의 한자 단어에 주목하면서 문장을 들어봅시다. (10:49~14:04)

「では労働者諸君。この条件で諸君らとは今後もうまくやっていけそうだ。二度とストライキなど起きないことを祈る。よっし、一件落着だ」「うまく行きましたね。会長」「君が入念に下調べと地ならしをしてくれたお陰だ。それにしても彼らの心をよくつかんだな」「昔の知り合いが多かったもので…」「そうだったのか」「君がこんな柄の悪い下町の出とは意外だよ。まあいい。まずは一服しよう。おや、葉巻が切れてしまった」「買ってまいりましょうか」「いや、自分で買おう。ちょうどその先の角を曲がったところに煙草屋があって…。私が今何と言った?初めて来る町なのに…」「会長。煙草屋に…」「あ、ああ。行ってみよう」「私はここで…」「一緒に来てはくれないのか」「会長が記憶を取り戻すのに私は邪魔でしょうから…」「わかった」

「いらっしゃい。あっ、あー?」「どうした?」「スミシー、スミシーじゃないか」「スミシー?いや、私は…」「どうしたんだ。偉くパリッとして。そうか。宝くじにでも当たったんだな」「スミシー、スミシー。いやあ、知っている。私はその名前を知っているぞ」「オー、スミシー。どこへ行く。金が出来たんだろう。昔のよしみで買っててくれよ。スミシー、スミシー」「驚いたな。彼は自力でここまで来たぞ」「ハリソン」「ポーラ、僕はまた道化だよ。でも後悔はしない」「ありがとう。あなたが昔の知り合いに根回しをしてくれなかったらストライキはこんなにも早く…」「いいんだ、ポーラ。さあ、行くんだ」「ハリソン」「早く行け、行けってば」「鍵、この鍵。ここだったのか」「スミシー、鍵をもって行って。お家の鍵を…」「ウウ、ポーラ」「スミシー…」　＜終り＞

[3] 위의 문장을 읽고 번역을 합시다.

....

....

....

....

....

....

....

....

....

....

....

....

....

[4] 한국어로 번역된 문장을 보면서 5/5의 일본어 원문을 들어봅시다.

[5] 전체 문장을 의미를 되새기면서 들어봅시다.

「いらっしゃいませ」「こんにちはジム」「おやおや、これはミスリッジウェイ。今日はお連れもご一緒で」「え、こちらハリソン。私のダンス仲間」「ハリソンです。よろしく」「いつもの8オンスね。毎度あり。お、ハリソンさんは」「僕は煙草をやらないので」「あ、そうですか。では骨董ライターなどは?ドイツからよい品がたくさん入っております」「戦争に勝ったからな。前途有望な若者が大勢亡くなりました」「せいぜいドイツからは賠償金を取り立ててやることです」「そうだな。ウン?僕も金持ちになったら、そのうちライターでも買うよ」「ハリソンったら…」「お、いらっしゃいまし」「はあ、また来やがった」「あ、ごめんください。た、煙草を見せてください。僕は確かに煙草を吸っていたんだけど、銘柄がどうしても思い出せないのです。この店には煙草がたくさんある。見ていれば、思い出せるかもしれない」「思い出したら買ってくださいよ」「嗅がれるだけじゃ迷惑だ」

「何者だ」「丘の上の…」「あ、あの病院の患者か」「週末になるとふらふらやってくるんです。全く。商売の邪魔ですよ」「はあ、すみません。銘柄が思い出せれば、僕の記憶も戻るかもしれない」「まあ、気の毒に自分が誰かも思い出せないのね」「ええ、名前もです。病院でジョン・スミスという名前をもらったのですが…」「ウハハハ、何だ、それ。偽名にしてももう少し何とか…」「すみません。吸っていた煙草がわかれば、それを手がかりに何かを思い出せるかと…」「いいわ、ジム」「ああ、何だね」「お金は

あたしが払う。ジョン・スミスさんに煙草を見せてあげて」「かまわん
が…」「おいおいポーラ。太っ腹にもほどがあるぜ。いくら店の稼ぎ頭とは
いえ」「決めたの。スミスさん。気兼ねなく煙草をテイスティングしてね」
「はあ、ありがとう。え、えーと」「ポーラよ」「ポーラ。よろしく。
ジョン。え、そうね。スミス…」「スミシーはどうかしら」「スミシー?」
「あなたはスミシーよ。今日から…」「スミシー」「ウン、ジョンよりは好
きかな」「ウフフフ」

ジェームズ・ヒルトン 作 ＜心の旅路＞

「ねえ、スミシー」「何だい。ポーラ」「すごくいいこと思いついたの」
「いいこと?」「あなたはあの病院を退院するの」「ウフ、でも僕の記憶は
まだ…」「あなたは本当は誰かなんて関係ないの。私はあなたと一緒になり
たいの。自分が誰かはゆっくり思い出せばいいわ」「でも僕は無一文で…」
「いいの。ポーラ姉さんがダンサーの稼ぎで食べさせてあげるわ。心配いら
ない」「でも…」「いいの。決めたの。もう家も借りたのよ。小さな家だけ
ど…」「ポーラ」「スミシー」

「ポーラ」「どうしたの。スミシー」「仕事が決まった。本当?」「あ、
これでもう君に苦労はさせない」「よかった」「採用通知の電報をもらっ
た。これからその出版社に行ってくる」「さあ、私はこれからお店に出る
の。だから鍵をもって行って。お家の鍵を…」「わかった。何、こんな小さ
な家とも直におさらばさ」「スミシー、おめでとう。でもあたしはあなたさ
えいればそれでいいのよ」「ともかく行ってくる。うまくすると、給料も前

借できるかもしれないぞ」「気をつけてね」

「エーット、ああ! あの建物だな」「危ない! オーイ、大丈夫か?」「あ、ありがとう。何でもない」「しかし、ひどく頭をぶつけたようだが…」「平気だ。それより一刻も早く原隊に復帰せねば」「オー、君は軍人か?」「あ、チャールズ・レイニア。陸軍歩兵大尉」「レイニア大尉? では、あのソミュールの戦いで行方不明になったというレイニア財団の御曹司かね」「行方不明? いや、知らない。覚えているのは砲撃、そうだ。砲撃だ。あの砲撃から。くそ、記憶がない。ともかく一刻も早く原隊に復帰だ。それにしても一体私はなんでこんなみすぼらしいコートを着ているのだ。君、申し訳ないが、ウェリントン歩兵師団本部に連絡を頼めないかな…」「アー。いや、それは無理だ。レイニア大尉」「何?」「戦争はもう終わった。3年前に…」「何だって?」

「スミシー、スミシー。どこ? あたしをおいてどこへ行ってしまったの」「ポーラ」「ハリソン」「この新聞を見ろ。ポーラ」「新聞?」「この写真、これ、スミシーじゃないのか」「エー、アー、確かにスミシーだわ。間違いない」「この記事を、アー、驚いたな。これがスミシーの本当の顔だったとは…」「レイニア財団の次期会長、奇跡の生還。空白の3年間記憶なし。ハア、なんてこと?」「まさか、彼がおれたち庶民には一生手の届かない雲の上の人だったとはね」「そんな…」「チャールズ・レイニア新会長は財団を引き継いだだけじゃなく、下院議員選にもうって出るそうだ。ハア、もうおれたちどう足掻いても…」「いいえ、いいえハリソン」「ポーラ」「あたし

ダンサーをやめる。わずかな蓄えだけど、それで簿記会計の学校に通うの」
「ポーラ」

「君か。新しい秘書というのは…」「はい、レイニア会長。マーガレット・ハンソンです」「ミス、ハンソン。最初に言っておく。私は有能な秘書としての君にしか興味はない。なに私が独身なもので妙な期待をもって応募してくる女性が後を絶たないのでね」「ご安心ください。レイニア会長。私も職務以外には興味と熱意はございませんの」「だといいのだがな。見たところ、君は美人だしな。まあ、それが君を選んだ一つの理由でもある」「スミシー、まるで別人だわ。これが本当のあなたなの?」

「マーガレット、相談がある」「何でしょう。会長」「実はその言いにくいことなのだが、私と表向き結婚してはくれないだろうか」「それは偽装結婚ということでよろしいのでしょうか」「ああ、そうだ。下院議員は結婚していることが条件だそうだ。下らんしきたりだが、従うしかあるまい」「そうですね」「君は実に有能な秘書だ。そこで私生活でも、いい議員の夫人を演じてもらいたい。君にしか頼めない。受けてもらえないだろうか」「わかりました」「ウン。よかった。これで何の憂いもない」

「何だって。工場でストライキ?このタイミングでか」「会長」「マーガレット。旅行の準備をしてくれ。行き先はリバプールだ」「リバプール?」「ああ、私が記憶を取り戻したとき、さ迷っていた町だ。何の感慨もない場所だが、まあ、これも一つの縁というやつだろうな」「会長。その鍵は?」「これか?記憶を取り戻したとき、私が着ていたコートのポケットに入ってい

た鍵だ。験担ぎにもっている。くだらん気の迷いと笑ってくれていいよ」
「いえ」「さて、ストライキの件は、さっさと片付けてしまうとしよう。ま
あ、リバプールなど、二度と行くこともあるまいが…」「スミシー」

「では労働者諸君。この条件で諸君らとは今後もうまくやっていけそう
だ。二度とストライキなど起きないことを祈る。よっし、一件落着だ」「う
まく行きましたね。会長」「君が入念に下調べと地ならしをしてくれたお陰
だ。それにしても彼らの心をよくつかんだな」「昔の知り合いが多かったも
ので…」「そうだったのか」「君がこんな柄の悪い下町の出とは意外だよ。
まあいい。まずは一服しよう。おや、葉巻が切れてしまった」「買ってまい
りましょうか」「いや、自分で買おう。ちょうどその先の角を曲がったとこ
ろに煙草屋があって…。私が今何と言った? 初めて来る町なのに…」「会
長。煙草屋に…」「あ、ああ。行ってみよう」「私はここで…」「一緒に
来てはくれないのか」「会長が記憶を取り戻すのに私は邪魔でしょうか
ら…」「わかった」

「いらっしゃい。あっ、あー?」「どうした?」「スミシー、スミシー
じゃないか」「スミシー?いや、私は…」「どうしたんだ。偉くパリッとし
て。そうか。宝くじにでも当たったんだな」「スミシー、スミシー。いや
あ、知っている。私はその名前を知っているぞ」「オー、スミシー。どこへ
行く。金が出来たんだろう。昔のよしみで買っててくれよ。スミシー、スミ
シー」「驚いたな。彼は自力でここまで来たぞ」「ハリソン」「ポーラ、僕
はまた道化だよ。でも後悔はしない」「ありがとう。あなたが昔の知り合い

に根回しをしてくれなかったら、ストライキはこんなにも早く…」「いいんだ、ポーラ。さあ、行くんだ」「ハリソン」「早く行け、行けってば」「鍵、この鍵。ここだったのか」「スミシー、鍵をもって行って。お家の鍵を…」「ウウ、ポーラ」「スミシー…」＜終り＞

[6] 아래의 일본어 질문에 일본어로 대답합시다.

① 女の主人公の名前は何ですか。

....

② 女の主人公の仲間の名前は何ですか。

....

③ 女の主人公の仲間は、煙草を吸いますか。

....

④ 丘の上にある病院から、その患者はいつ煙草を見に店に来ますか。

....

⑤ その患者は、自分が誰なのか知っていますか。

....

⑥ その患者は、病院では何と呼ばれていますか。

....

⑦ 女の主人公は、その患者の名前をどう呼ぶことにしましたか。

....

⑧ 女の主人公の仕事は何ですか。

....

⑨ 患者の本当の名前は何ですか。

....

⑩ 戦争は、何年前に終わりましたか。

....

⑪ 女の主人公は、今の仕事をやめて、何をすることにしましたか。

....

⑫ 会長はマーガレットに、何を頼みましたか。

....

⑬ 結婚していなくても、下院議員になれますか。

....

⑭ 会長は自分の記憶を取り戻した時、どこをさ迷っていましたか。

....

⑮ この話しを聞いて、何を感じましたか。

....

[7] 아래의 일본어 문장을 읽고 본문 내용과 일치하는 것에는 ○를, 일치하지 않는 것에는 ×를 기입하세요.

① 戦争に負けたからな。前途有望な若者が大勢亡くなりました。（　　　）

② あなたは本当は誰かなんて関係ないの。私はあなたと一緒になりたいの。　　　　　　　　　　　　　　　　　　　　　　　　　（　　　）

③ 採用通知の電報をもらった。これからその工場に行ってくる。

　　　　　　　　　　　　　　　　　　　　　　　　　　　　（　　　）

④ 君、申し訳ないが、ウェリントン海兵師団本部に連絡を頼めないかな…。　　　　　　　　　　　　　　　　　　　　　　　　　（　　　）

⑤ レイニア財団の次期会長、奇跡の生還。空白の5年間記憶なし。

　　　　　　　　　　　　　　　　　　　　　　　　　　　　（　　　）

⑥ チャールズ・レイニア新会長は財団を引き継いだだけじゃなく、上院議員選にもうって出るそうだ。　　　　　　　　　　　　（　　　）

⑦ あたしダンサーをやめる。わずかな蓄えだけど、それで簿記会計の学校に通うの。　　　　　　　　　　　　　　　　　　　（　　　）

⑧ なに私が独身なもので妙な期待をもって応募してくる女子学生が後を絶たないのでね。　　　　　　　　　　　　　　　　（　　　）

⑨ 実はその言いにくいことなのだが、私と表向き婚約してはくれないだろうか。　　　　　　　　　　　　　　　　　　　　（　　　）

⑩ 君は実に有能な秘書だ。そこで私生活でも、いい会長の夫人を演じてもらいたい。　　　　　　　　　　　　　　　　　　（　　　）

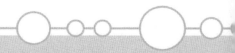

Unit 3

<ruby>赤<rt>あか</rt></ruby>い <ruby>蝋燭<rt>ろうそく</rt></ruby>と <ruby>人魚<rt>にんぎょ</rt></ruby>(1921年)

<ruby>小川未明<rt>おがわみめい</rt></ruby> 作(1882年〜1961年)・きくドラ 脚色

【key words】

蝋燭、 石段、 磯、 珊瑚、 貝殻、 漁師、 別嬪、 見せ物師、 人魚、 獅子、 虎、
豹、 檻

들리는 단어를 히라가나나 한자로 적어봅시다.

....

....

....

....

....

....

....

....

....

....

....

[1] 아래 일본어 단어의 의미를 새기면서 읽어봅시다.

• 小さな町 작은 마을 • 大きな町 큰 마을 • きっと 틀림없이, 기필코, 꼭

• 好奇の目 호기심의 눈 • さらされる さらす(드러나다, 처하다)의 수동형

• この町にしよう 이 町에(선택 조사 (으)로))する의 의지형 • どうか元気で 모쪼록

건강하길 • 拾う 줍다 • 一生 평생 • 暗い海の底で生きるより 어두운 바다 밑바닥에

서 살기보다 • 町灯り 도시(마을)의 불빛 • 暮らす 살다 • 方 ~편 • お前にとっても 네

게 있어서도 • 幸せ 행복 • どうか達者で 부디 잘 지내길 • 私の愛しい子 나의 사랑스런

아이 • 行きなさる いらっしゃる의 예스런 표현 • お宮 궁전, 신사 • じゃ だ의 노인어

• 人の気配がする 인기척이 나다 • 夜更け 야밤, 심야 • 参られる 参る의 수동형(존경

의 의미) • 刻限 정해진 시간 • 選ばん 選ばない의 축약형 • 大方 대부분, 일반적으로

• 沖 바다 • 船 배 • ご無事を祈る 무사를 기원하다 • どうも 어쩐지

• 気になる 염려되다, 신경 쓰이다 • ちょいと ちょっと의 예스런 말씨 • 参る 来る의

예스런 말 • せめて 하다못해 • 蝋燭を灯す 촛불을 켜다 • 売り物の蝋燭 파는 초

• もったいない 아깝다 • 登りなれる 많이 올라 익숙해지다 • 石段 돌로 만든 계단

• 気をつける 조심하다 • すぐ 금방 • もどる 돌아오다 • 何じゃ 뭐지 • 雨でもないの

に 비도 아닌데 • 濡れとる 濡れている의 축약형 • しかも 더구나, 게다가

• 磯の香り 바다 비린내 • まるで 마치 • のたうつ 몸부림치다, 몸부림치며 나뒹굴다

• 捨て子 버려진 아기 • はよう はやく의 예스런 말 • 湯を沸かす 물을 끓이다 • 血相

を変える 혈색을 바꾸다 •偉いこと 큰일 •難儀 어려움, 곤란, 고통, 번거로움, 귀찮음

•赤ん坊 아기 •ずぶ濡れ 흠뻑 젖음 •案配 상태, 상황 •むつき 기저귀(＝おむつ), む

つきをまとう 기저귀를 차다 •~ておらん ~ていない의 예스런 표현

•抱かせてた もう抱かせてください의 예스런 표현 •じい 할아버지 •ばあ 할머니

•まし 더 나음 •気の毒に 불쌍하게도 •愛らしい子 귀여운 아기, 사랑스런 아기 •捨

てる 버리다 •母御 어머님 •泣く泣く 울면서 •手放す 손을 놓다, 자식을 멀리 보내다

•人様 타인 •どうにもならぬ 어찌해볼 도리가 없다 •わけもある 사연도 있다 •人魚 인어

[2] 아래 본문의 한자 단어에 주목하면서 문장을 들어봅시다. (~04:10)

小さな町だ。けれどこの町がいい。大きな町ではこの子をきっと好奇の目
にさらされてしまうだろう。この町にしよう。どうか元気で。やさしい人に
拾ってもらうのだよ。一生暗い海の底で生きるよりあの町灯りのなかで暮ら
す方がお前にとっても幸せなのだから。どうか達者で。私の愛しい子。

　「おじいさん。どちらへ行きなさる」「上のお宮じゃ。人の気配がしたよ
うな」「こんな夜更けにかい」「参られる人は刻限を選ばん。大方、沖を行
く船の無事を祈りなさるのであろう。どうも気になるで。ちょいとみて参
る」「なら、せめて蝋燭を灯して行きなされ」「売り物の蝋燭じゃ。もった
いない。何の登りなれた石段じゃ」「気をつけなされ」「なあに、すぐもど
る」

　「オーン。何じゃ。雨でもないのに、石段が濡れとる。ま、しかも何
じゃ。この強い磯の香りは。まるで大きな魚が石段をのたうったような…」

「アー、アー」「オオオッ、なんと、なんとまあ。捨て子かい」

「婆さん、婆さん。はよう湯を沸かせ」「どうされた?血相を変えられて」「偉いことじゃ。捨て子じゃ」「あ、捨て子?それはまた難儀な」「赤ん坊じゃ。しかもずぶ濡れで。どういう案配かむつきもまとうておらん」「あー、それはまた」「はよう湯を沸かせ」「アッ、はい、すぐに、それよりおじいさん。ちょっとその子を抱かせてたもう」「オ、オオオ。いかにも。まだこのじいよりは、ばあの方がましじゃ」「オー、オー、いい子じゃ。気の毒に。全く、こんな愛らしい子を捨てよるとは。どんなひどい母御かい」「泣く泣く手放したのであろう。人様にはそれぞれどうにもならぬわけもあるで」「オーオオオ。よしよし、すぐにべべを。はー! 何と、何とまあ」「あー、どうした」「アアッ!足が」「ウーン、足?」「アア、おじいさん。この子は…」「オオー、いかにも。それにしても何と、何という…」 小川未明 ＜赤い蝋燭と人魚＞

[3] 위의 문장을 읽고 번역을 합시다.

....

....

....

....

....

....

....

....

....

....

....

....

....

....

[4] 한국어로 번역된 문장을 보면서 1/4의 일본어 원문을 들어봅시다.

[1] 아래 일본어 단어의 의미를 새기면서 읽어봅시다.

- 毎度ごひいきに매번 애용해주셔서 감사합니다 • 残り재고 • わずか얼마 되지 않음
- 絵を付ける그림을 붙이다 よう売れるよく売れる노인어 • 誠に정말로
- 何故어떻게 • 見事に훌륭하게 • 魚물고기 • 珊瑚산호 • 貝殻조개껍질
- 絵付け그림붙이기 • 海の申し子바다가 주신 아이 • 海の神様 바다의 신
- 授かりもの신에게 위탁받은 것 • わしら われわれ의 예스런 말 • 宝보물
- あまり너무(뒤에 부정이 올 경우) • 根を詰める끈기를 가지고 열심히 일하다
- あと少しですから이제 얼마 남지 않았으니까 • 仕上げる끝내다, 완성하다
- 夜分밤중 求めに来るやもしれませぬから求めに来るかもしれませんから의 예
스런 표현 • すまないね미안하구만 • ととさま아버지의 존경어 • 人の身ならぬ평범
하지 않다 • 私をひろうて私を拾って의 예스런 표현 • 養ってもろうた養ってもらっ
た의 예스런 표현 • さようなことそんなこと의 예스런 표현 • 気にする걱정하다, 신
경 쓰다 • わしらの方こそ우리들 쪽이야 말로 • とにかく어쨌든
- 描きあげる다 그리다 • すまぬがすまないが • 遥々멀리서 • 燃えさし타다 남은 것
- お守り代わりに부적 대신에 • 身につける몸에 지니다 • どんな嵐の日も難にあ
わぬ어떤 태풍에도 어려움을 만나지 않다 • とゆうてなというのだな
- 本当じゃとも정말이고말고(요) • 島の漁師섬의 어부 • 言うとったぞ言っていたぞ
- 大嵐の晩큰 태풍이 불던 밤 • 沈む가라앉다, 침몰하다 • いらっしゃいまし어서오

세요 •評判の蝋燭屋 명성이 자자한 양초가게 •この辺り이 근처

•蝋燭を商う 양초 장사를 하다 •噂に違わぬ소문과 다르지 않다(소문대로이다)

•別嬪미인 •ご挨拶をし ご挨拶をしなさい •ひどい人見知り심한 낯가림 •気立て

마음씨, 심지 •器量기량 •申し分なし흠잡을 데가 없음 •足が不自由다리가 부자유

•こりゃ これは •まちがいねえ まちがいない

[2] 아래 본문의 한자 단어에 주목하면서 문장을 들어봅시다. (04:11~08:02)

「毎度ごひいきに」「また売れたかい」「ええ。もう残りはわずかで」
「あの子が絵を付けるようになってからよう売れる」「誠に。それにしても
誰に教わったでなし。何故、あのように見事に魚や珊瑚や貝殻の絵付けを」
「ヘッヘへへ。そりゃあの子は海の申し子じゃもの。海の神様からの授かり
ものじゃ。わしらの宝じゃ」「そうですね」「おやお前。もう休んでよい
ぞ。あまり根を詰めるな」「あと少しですから。仕上げてしまいます。それ
にだれかが夜分のお参りに求めに来るやもしれませぬから」「そうかい。す
まないね」「いいえ、ととさま。人の身ならぬ私をひろうて養ってもろう
た。せめてものご恩」「さようなこと。気にしなくてよいのだよ。わしらの
方こそ」「とにかく描きあげてしまいます」「すまぬが、そうしておくれ。
お前の絵はえらい評判じゃ。遠くの町からも遥々買いに来よる」「え、それ
も上のお宮に灯した燃えさしをお守り代わりに身につければ、どんな嵐の日
も難にあわぬとゆうてな。本当じゃろうか」「本当じゃとも。島の漁師が言
うとったぞ。3か月前の大嵐の晩にも沈まなかったとな」「はあ、ありがた

いことじゃ」「アア、全くじゃ」

　「ご免よ」「あ、いらっしゃいまし」「評判の蝋燭屋というのはここかい」「あ、はい。評判かどうかは、別にしてこの辺りで蝋燭を商っておる店はここだけでございます」「おお、そうかい。ちょいと失礼」「なっ！」「ほおほお、なるほど。噂に違わぬ別嬪だ」「おや、お前。どうしたい。お客様にご挨拶をし」「いや」「ああ、すみませぬな。あの通りのひどい人見知りで」「なあに、いいってことよ。問題は気立てより器量だ。申し分なしだ」「はあ、何と」「あーいや、何でもねえ。へへへ。それより少し足が不自由なようだな」「ええ、まあ」「なるほど。気の毒にな。オット、評判の蝋燭を見せてくれ」「ああ、こちらに」「ウーン。こりゃ、見事な絵付けだ」「あー、はい。それはもう」「まちがいねえ」

[3] 위의 문장을 읽고 번역을 합시다.

....

....

....

....

....

....

....

....

....

....

....

....

....

....

[4] 한국어로 번역된 문장을 보면서 2/4의 일본어 원문을 들어봅시다.

[1] 아래 일본어 단어의 의미를 새기면서 읽어봅시다.

- 渡り歩く 떠돌아다니다, 전전하다 • 見せ物師 장돌뱅이 • 恐ろしい 공포스럽다, 두렵다
- 育て親 키워준 부모 • 老夫婦 노부부 • 持ちかける 제안하다 • ようやく 가까스로, 겨우
- 授かる 내려주시다, 점지해주시다 • わが子 우리아이 • 馬鹿言いやがれ 바보 같은 소
리 작작해 • ありゃ あれは • 現しおのもの 이 세상의 사람 • 人魚 인어
- 紛れもねえ 紛れもない 틀림없다 • 正真正銘の人魚 틀림없는 진짜 인어
- ごまかす 속이다 • 同然に 마찬가지로 • おいとく とおいておくと의 준말 • 身 몸
- 災い 재앙 • 災いが及ぶ 재앙이 미치다 • 細々と 쪼잔하다 • 商わずとも 商わなくて
も의 문어체적 표현 • 困らねえ 困らない • お足 돈 • 値打ち 가치 • 仮に 가령, 설명
- 死んじまったとしても 死んでしまったとしても • 人魚の肉 인어고기
- 食う 食べる의 속된 표현 • 生きられる 生きる의 수동형 • 売らんでおくれ 売らない
でおくれ 팔지 말아줘요 • 断じて 결단코 • 断られる 断る(거절하다)의 수동형
- 足しげく 뻔질나게 • 通い詰める 쉬지 않고 드나들다 • 言葉をつくす 할 수 있는 말
을 다하다 • 因果を含める 사정을 설명하여 납득시키다 • そのたびに 그때마다
- 惜しげもなく 아까워하는 기색도 없이 • 吊り上げる 끌어올리다 • 話がつく 얘기가
끝나다(결정되다) • 強欲夫婦め 욕심 많은 부부 같으니라구! • この辺りでお互い 手
を打とうや 이쯤에서 서로 매듭짓자 • 一時に 한 번에 • 迎えを寄こす 사람을 보내다

[2] 아래 본문의 한자 단어에 주목하면서 문장을 들어봅시다. (08:03〜11:36)

　男は町から町へ渡り歩く見せ物師でした。そして恐ろしい話しを育て親の老夫婦に持ちかけたのです。「な、何ですと?」「あの子をどうして手放せましょう。ようやく授かったわが子ですじゃに」「わが子?ヘッ。馬鹿言いやがれ。ありゃ、現しおのものじゃねえ。人魚よ。紛れもねえ。正真正銘の人魚さ」「ど、どうしてそれを」「へへへ。おれの目はごまかせはしねえぜ」「し、しかし、あの子は海からの授かりもの。わが子も同然に育てたものをいかで手放せましょう」「おいおい、人魚なんておいとくと、その身に災いが及ぶってもんだぜ。それにお前さんらが細々と蝋燭を商わずとも死ぬまで困らねえだけの、お足を払ってやろうってんだ。まあ、見せ物としてなら、それだけの値打ちがあるってことだがな」「み、見せ物」「ああ、まあ、仮に死んじまったとしても値打ちはある。人魚の肉を食えば、800年は生きられるって話しだからな」「食べる?」「か、帰ってくだされ。帰れ」「ヘッへへへ、やあ。今日のところはな。だが、また来るぜ。ハッハハハ」「はあ、何という」「ととさま。かかさま」「オー、オオオ」「売らんでおくれ。ずっとここにおいてたもれ」「何でお前を…」「おー、安心せえ。売りはせぬ。断じて売ったりはせぬ」

　けれども見せ物師は、断られても断られても何度も足しげく蝋燭屋に通い詰めたのです。言葉をつくして因果を含め、そのたびにちらつかせる代金も惜しげもなく吊り上げていったのであります。そしてとうとう。「よーし。これで話はついたな。長かったぜ。ヘッへへへ。この強欲夫婦め。まあ、こ

の辺りでお互い手を打とうや」「ウーン、それより代金は一時に払っていた
だけるのでしょうな」「安心しな。約束は守るぜ。じゃ明日の朝にも迎えを
寄こすからな。フハッハハハ」

[3] 위의 문장을 읽고 번역을 합시다.

....

....

....

....

....

....

....

....

....

....

....

....

....

[4] 한국어로 번역된 문장을 보면서 3/4의 일본어 원문을 들어봅시다.

[1] 아래 일본어 단어의 의미를 새기면서 읽어봅시다.

• おいてたもれ おいてください • 所詮 어차피 • さような目 そんな目

• 約束した通り 약속한 대로 • 翌朝 이튿날 아침 • 檻 짐승의) 우리 • 獅子 사자

• 虎 호랑이 • 豹 표범 • 連れて行く 데려가다 • 港 항구 • どこへなりと連れてってく

だされ 어디든 데려가 주시게나 • あやつ ㄱ 아이, 개 • 縁起 재수 • 目ざわり 눈엣가시,

꼴 보기 싫음 • 引かれる間際に 끌려가기 직전에 • 疫病神 め 골칫거리

• とんだ置き土産 달갑지 않은 유품, 선물 • 毎度あり 매일 감사합니다

• 貝殼 조개껍질 • 騙す 속이다 • 気味悪い 웬지 기분이 나쁘다 • 髪の毛 머리카락

• びっしょり 흠뻑 • とても助かる まい 도저히 조되지 못할 것이다 • 幾晩も 幾晩も

몇 날 밤이나 몇 날 밤이나 • 吹き荒れる 바람이 심하게 불다 • 船が沈む 배가 가라앉다

• それからというもの 그 후 얼마 지나 • どういうわけか 어찌된 셈인지 • 赤い蝋燭

が灯る 빨간 촛불이 켜지다 • 幾年も経たずして 몇 년도 지나지 않아 • 滅びる 멸망하다

[2] 아래 본문의 한자 단어에 주목하면서 문장을 들어봅시다. (02:23~04:06)

「ととさま、かかさま」「な、何だ」「おいてたもれ。売らんでおく
れ。毎日今の倍、いいや、10倍、絵を描くから」「お前はもう娘じゃな
い。所詮、人魚は人魚じゃ」「エーイ。さような目で見るな。エーッ、見る
なと言うに」そして見せ物師が約束した通り、翌朝、「ヘッヘへへ。来た
ぜ」「お、檻?」

見せ物師が引いてきたのは、獅子や虎や豹を入れるような檻のついた車でありました。「もうお代は払ったから連れて行くぜ。港に船を待たせてあるんだ」「は、はようはようどこへなりと、連れてってくだされ」

　その夜のことでありました。「どなたで?」「こんな夜更けに誰であろう」「はいはい。今開けますよ」「蝋燭を…」「はあ?」「蝋燭。あるだけ全部」「で、でもうちはその商いはもう」「売ってやれ。売ってやれ。まだ少しは残っておるじゃろう。あやつが残していったものなんぞ。縁起でもない目ざわりだ」「絵付けの蝋燭。蝋燭を…」「で、でも…」「どうした?」「あの子ときたら、残った蝋燭全部、引かれる間際に、真っ赤に塗りつぶしてしもうたのじゃ」「な、なんじゃと?エーイ。全くあの疫病神め。とんだ置き土産じゃ」「それでいい」「悪いね。毎度あり」「ぬ、濡れたお足。いや、これは、か、貝殻」「くっそ。騙しやがったな。ねえ、おらぬ」「気味の悪い女じゃったね。髪の毛もびっしょりで…」「ま、まさか。まさか。こ、この嵐は。これではあの船は、とても助かるまい」「お、おじいさん。おじいさん…」

　嵐はそれから幾晩も幾晩も吹き荒れました。たくさんの船が沈みました。そしてそれからというもの、嵐の晩には、どういうわけか、灯すものもいないのに、お宮に赤い蝋燭が灯るのでした。幾年も経たずしてその町は滅びてなくなってしまいました。<終り>

[3] 위의 문장을 읽고 번역을 합시다.

....

....

....

....

....

....

....

....

....

....

....

....

....

....

....

....

....

....

[4] 한국어로 번역된 문장을 보면서 4/4의 일본어 원문을 들어봅시다.

　小さな町だ。けれどこの町がいい。大きな町ではこの子をきっと好奇の目にさらされてしまうだろう。この町にしよう。どうか元気で。やさしい人に拾ってもらうのだよ。一生暗い海の底で生きるよりあの町灯りのなかで暮らす方がお前にとっても幸せなのだから。どうか達者で。私の愛しい子。

　「おじいさん。どちらへ行きなさる」「上のお宮じゃ。人の気配がしたような」「こんな夜更けにかい」「参られる人は刻限を選ばん。大方、沖を行く船の無事を祈りなさるのであろう。どうも気になるで。ちょいとみて参る」「なら、せめて蝋燭を灯して行きなされ」「売り物の蝋燭じゃ。もったいない。何の登りなれた石段じゃ」「気をつけなされ」「なあに、すぐもどる」

　「オーン。何じゃ。雨でもないのに、石段が濡れとる。ま、しかも何じゃ。この強い磯の香りは。まるで大きな魚が石段をのたうったような…」「アー、アー」「オオオッ、なんと、なんとまあ。捨て子かい」

　「婆さん、婆さん。はよう湯を沸かせ」「どうされた？血相を変えられて」「偉いことじゃ。捨て子じゃ」「あ、捨て子？それはまた難儀な」「赤ん坊じゃ。しかもずぶ濡れで。どういう案配かむつきもまとうておらん」「あー、それはまた」「はよう、湯を沸かせ」「アッ、はい、すぐに、それよりおじいさん。ちょっとその子を抱かせてたもう」「オ、オオオ。いかにも。まだこのじいよりは、ばあの方がましじゃ」「オー、オー、いい子じゃ。気の毒に。全く、こんな愛らしい子を捨てよるとは。どんなひどい母

御かい」「泣く泣く手放したのであろう。人様にはそれぞれどうにもならぬわけもあるで」「オーオオオ。よしよし、すぐにべべを。はー! 何と、何とまあ」「あー、どうした」「アアッ! 足が」「ウーン、足?」「アア、おじいさん。この子は…」「オオー、いかにも。それにしても何と、何という…」

小川未明　＜赤い蝋燭と人魚＞

「毎度ごひいきに」「また売れたかい」「ええ。もう残りはわずかで」「あの子が絵を付けるようになってからよう売れる」「誠に。それにしても誰に教わったでなし。何故、あのように見事に魚や珊瑚や貝殻の絵付けを。ヘッへへへ。そりゃあの子は海の申し子じゃもの。海の神様からの授かりものじゃ。わしらの宝じゃ」「そうですね」「おやお前。もう休んでよいぞ。あまり根を詰めるな」「あと少しですから。仕上げてしまいます。それにだれかが夜分のお参りに求めに来るやもしれませぬから」「そうかい。すまないね」「いいえ、ととさま。人の身ならぬ私をひろうて養ってもろうた。せめてものご恩」「さようなこと。気にしなくてよいのだよ。わしらの方こそ」「とにかく描きあげてしまいます」「すまぬが、そうしておくれ。お前の絵はえらい評判じゃ。遠くの町からも遥々買いに来よる」「え、それも上のお宮に灯した燃えさしをお守り代わりに身につければ、どんな嵐の日も難にあわぬとゆうてな。本当じゃろうか」「本当じゃとも。島の漁師が言うとったぞ。3か月前の大嵐の晩にも沈まなかったとな」「はあ、ありがたいことじゃ」「アア、全くじゃ」

「ご免よ」「あ、いらっしゃいまし」「評判の蝋燭屋というのはここか
い」「あ、はい。評判かどうかは別にしてこの辺りで蝋燭を商っておる店は
ここだけでございます」「おお、そうかい。ちょいと失礼」「なっ!」「ほ
おほお、なるほど。噂に違わぬ別嬪だ」「おや、お前。どうしたい。お客様
にご挨拶をし」「いや」「ああ、すみませぬな。あの通りのひどい人見知り
で」「なあに、いいってことよ。問題は気立てより器量だ。申し分なしだ」
「はあ、何と」「あーいや、何でもねえ。へへへ。それより少し足が不自由
なようだな」「ええ、まあ」「なるほど。気の毒にな。オット、評判の蝋燭
を見せてくれ」「ああ、こちらに」「ウーン。こりゃ見事な絵付けだ」
「あー、はい。それはもう」「まちがいねえ」

　男は町から町へ渡り歩く見せ物師でした。そして恐ろしい話しを育て親の老
夫婦に持ちかけたのです。「な、何ですと?」「あの子をどうして手放せま
しょう。ようやく授かったわが子ですじゃに」「わが子? ヘッ。馬鹿言いや
がれ。ありゃ、現しおのものじゃねえ。人魚よ。紛れもねえ。正真正銘の人
魚さ」「ど、どうしてそれを」「へへへ。おれの目はごまかせはしねえぜ」
「し、しかしあの子は海からの授かりもの。わが子も同然に育てたものをい
かで手放せましょう」「おいおい、人魚なんておいとくと、その身に災いが
及ぶってもんだぜ。それにお前さんらが細々と蝋燭を商わずとも死ぬまで困ら
ねえだけのお足を払ってやろうってんだ。まあ、見せ物としてなら、それだ
けの値打ちがあるってことだがな」「み、見せ物」「ああ、まあ、仮に死ん
じまったとしても値打ちはある。人魚の肉を食えば、800年は生きられるって

話しだからな」「食べる?」「か、帰ってくだされ。帰れ」「ヘッヘヘヘ、やあ。今日のところはな。だが、また来るぜ。ハッハハハハハハ」「はあ、何という」「ととさま。かかさま」「オー、オオオ」「売らんでおくれ。ずっとここにおいてたもれ」「何でお前を…」「おー、安心せえ。売りはせぬ。断じて売ったりはせぬ」

　けれども見せ物師は、断られても断られても何度も足しげく蝋燭屋に通い詰めたのです。言葉をつくして因果を含め、そのたびにちらつかせる代金も惜しげもなく吊り上げていったのであります。そしてとうとう。「よーし。これで話はついたな。長かったぜ。ヘッヘヘヘ。この強欲夫婦め。まあ、この辺りでお互い手を打とうや」「ウーン、それより代金は一時に払っていただけるのでしょうな」「安心しな。約束は守るぜ。じゃ、明日の朝にも迎えを寄こすからな。フハッハハハ」

　「ととさま、かかさま」「な、何だ」「おいてたもれ。売らんでおくれ。毎日今の倍、いいや、10倍、絵を描くから」「お前はもう娘じゃない。所詮、人魚は人魚じゃ」「エーイ。さような目で見るな。エーッ、見るなと言うに」そして見せ物師が約束した通り、翌朝、「ヘッヘヘヘ。来たぜ」「お、檻?」

　見せ物師が引いてきたのは、獅子や虎や豹を入れるような檻のついた車でありました。「もうお代は払ったから連れて行くぜ。港に船を待たせてあるんだ」「は、はようはようどこへなりと連れてってくだされ」

　その夜のことでありました。「どなたで?」「こんな夜更けに誰であろう」

「はいはい。今開けますよ」「蝋燭を…」「はあ?」「蝋燭。あるだけ全部」「で、でも、うちはその商いはもう」「売ってやれ。売ってやれ。まだ少しは残っておるじゃろう。あやつが残していったものなんぞ縁起でもない。目ざわりだ」「絵付けの蝋燭。蝋燭を…」「で、でも…」「どうした?」「あの子ときたら、残った蝋燭全部、引かれる間際に、真っ赤に塗りつぶしてしもうたのじゃ」「な、なんじゃと?エーイ。全くあの疫病神め。とんだ置き土産じゃ」「それでいい」「悪いね。毎度あり」「ぬ、濡れたお足。いや、これは、か、貝殻」「くっそ。騙しやがったな。ねえ、おらぬ」「気味の悪い女じゃったね。髪の毛もびっしょりで…」「ま、まさか。まさか。こ、この嵐は。これではあの船は、とても助かるまい」「お、おじいさん。おじいさん…」

　嵐はそれから幾晩も幾晩も吹き荒れました。たくさんの船が沈みました。そしてそれからというもの、嵐の晩には、どういうわけか、灯すものもいないのに、お宮に赤い蝋燭が灯るのでした。幾年も経たずしてその町は滅びてなくなってしまいました。＜終り＞

[6] 아래의 일본어 질문에 일본어로 대답합시다.

① 赤ちゃんのお母さんは、どうして大きな町ではなく、小さな町へ赤ちゃんを捨てましたか。

....

② おじいさんとおばあさんは、何の店をやっていましたか。

....

③ おじいさんの蠟燭は、どうしてよく売れるようになりましたか。

....

④ おじいさんの娘は、蠟燭に何の絵をつけましたか。

....

⑤ おじいさんの店にやってきた男の正体は何でしたか。

....

⑥ その男はおじいさんとおばあさんに、何の話を持ちかけましたか。

....

⑦ 人魚の肉を食べると、何年生きられると言い伝えられていますか。

....

⑧ 見せ物師は、何を引いてきましたか。

....

⑨ この話を聞いて、何を感じましたか。

....

[7] 아래의 일본어 문장을 읽고 본문 내용과 일치하는 것에는 ○를, 일치하지 않
   는 것에는 ×를 기입하세요.

   ① 小さな町ではこの子をきっと好奇の目にさらされてしまうだろう。この

   町にしよう。どうか元気で。やさしい人に拾ってもらうのだよ。

   (   )

② 一生暗い海の底で生きるよりあの町灯りのなかで暮らす方がお前にとっても幸せなのだから。　　　　　　　　　　　　（　　　　）

③ え、それも上のお宮に灯した燃えさしをお守り代わりに身につければ、どんな台風の日も難にあわぬとゆうてな。　　　　　　（　　　　）

④ 男は町から町へ渡り歩く見せ物師でした。そして恐ろしい話しを育て親の若い夫婦に持ちかけたのです。　　　　　　　（　　　　）

⑤ しかしあの子は山からの授かりもの。わが子も同然に育てたものをいかで手放せましょう。　　　　　　　　　　　　（　　　　）

⑥ それにお前さんらが細々と蝋燭を商わずとも死ぬまで困らねえだけのおあしを払ってやろうってんだ。　　　　　　　（　　　　）

⑦ まあ、仮に死んじまったとしても値打ちはある。人魚の尻尾を食えば、800年は生きられるって話しだからな。　　　　　（　　　　）

⑧ けれども見せ物師は、断られても断られても何度も足しげく蝋燭屋に通い詰めたのです。　　　　　　　　　　　　（　　　　）

⑨ 見せ物師が引いてきたのは、獅子や猫や豹を入れるような檻のついた車でありました。　　　　　　　　　　　　（　　　　）

⑩ そしてそれからというもの、嵐の晩には、どういうわけか、灯すものもいないのに、お宮に黄色い蝋燭が灯るのでした。　　　（　　　　）

Unit 4

さいご　　ひとは
最後の一葉(1907年)

O・ヘンリ 作(1862年〜1910年)・きくドラ 脚色

【key words】

葬儀屋、レンガ造りの家、つた

🎧 들리는 단어를 히라가나나 한자로 적어봅시다.

[1] 아래 일본어 단어의 의미를 새기면서 읽어봅시다.

- 助かる 살아나다, 구조되다 • 見込み 전망, 가능성 • 十に一つ 열에 하나

- 今のまま 지금대로, 이대로 • 葬儀屋 장의사 • すっかり 완전히, 죄다 • 諦める 체념하다

- 薬が効く 약이 듣다 • 最近 최근 • 心が弱る 마음이 약해지다 • 体が弱る 몸이 약해지다

- 光を与える 빛을 주다 • 可能性 가능성 • 一葉 한 잎 • 病院を出る 병원을 나오다

- 部屋に戻る 방으로 돌아오다 • ぼんやりと 멍하게 • 外を眺める 바깥을 바라보다

- 具合 상태, 컨디션 • 数える 숫자를 세다 • レンガ造りの家 벽돌로 지은 집

- 壁 벽 • 古い 오래되다, 낡다 • つたが伸びる 담쟁이덩굴이 자라다(뻗어나가다)

- だんだん 점점 • 落ちる 떨어지다 • 大変 큰일, 보통 일이 아님 • 簡単 간단

- つたの葉 담쟁이덩굴잎 • 最後の一葉が落ちる 마지막 한 잎이 떨어지다

- 行かなきゃならないの 行かなければならないの

　「ジョアンナが助かる見込みは、十に一つといったところでしょう。それも今のままではだめです。彼女は葬儀屋を待つみたいにすっかり諦めている。これではどんな薬も効きません」「へえ、先生。ジョアンナは最近心も体もすっかり弱っていて…」「いいかい、スー。あなたが彼女に光を与えてやれば、十に一つの可能性が二つにも三つにもなるんだ」

<最後の一葉>　　O・ヘンリ

　病院を出ると、スーはジョアンナと暮らす部屋に戻りました。ジョアンナはベットの上で、ぼんやりと外を眺めています。「十三」「ただいま、ジョアンナ。具合はどう?」「十二」「はあ、何を数えているの?」「十一」窓の外には、となりのレンガ造りの家が見えるだけです。そしてその壁には、古いつたが伸びています。

　「だんだん、落ちるのが早くなってきたわ。三日前は百近くあったから、大変だったのよ。でも今は簡単」「な、何なの? 私にも教えて」「つたの葉っぱよ。ほら、あの壁から伸びているでしょう。あの最後の一葉が落ちたら、きっと私も行かなきゃならないの」

[3] 위의 문장을 읽고 번역을 합시다.

....

....

....

....

....

....

....

....

....

....

....

....

....

....

....

[4] 한국어로 번역된 문장을 보면서 1/3의 일본어 원문을 들어봅시다.

[1] 아래 일본어 단어의 의미를 새기면서 읽어봅시다.

• 弱々しい가냘프다 • ぞっとする소름이 돋다 • 冬の冷たい風の音겨울의 찬 바람

소리 • 馬鹿な空想바보 같은 공상 • やめる그만 두다 • 葉っぱ잎사귀

• 何の関係もない아무런 관계도 없다 • 怖い顔をする무서운 얼굴을 하다

• 傑作걸작 • 住む살다(거주하다) • 暮らす살다(생활하다) • 生きる살다(생존하다)

• 老人노인 • 訪ねる방문하다 • 画家화가 • 偏屈な性格비뚤어진 성격, 완고한 성격

• しかも더군다나, 게다가 • 落ちこぼれ낙오자, 루저 • 貧乏画家가난뱅이 화가

• 口癖입버릇 • 驚く놀라다 • 大傑作を描く대걸작을 그리다 • 芸術の女神예술의 여신

• ほほ笑む미소짓다 • 寝かせつける눕혀재우다 • 病状병상(병의 상태) • ばかげた

空想어리석은 공상(바보스런 공상) • なんじゃと뭐냐구 • か弱い연약하다,

가냘프다 • 忌々しい꺼림칙하다 • 妄想する망상하다 • あんたのせい당신 탓

• しっかりせんからじゃ시かり하지 않기 때문이다 시っかりしないからだ칠칠맞지 못하기 때문이다

• 雪混じりの激しい雨눈이 섞인 심한 비 • 猛烈な突風맹렬한 돌풍

• 容赦なく인정 사정 없이 • アパートの壁を叩く아파트 벽을 때리다

• カーテンを閉める커튼을 닫다 • 一晩中泣く밤새도록 울다

[2] 아래 본문의 한자 단어에 주목하면서 문장을 들어봅시다. (02:06~05:02)

弱々しく笑うジョアンナを見て、スーはぞっとしました。窓の外からは冬

の冷たい風の音が聞こえます。「何を言ってるの?そんな馬鹿な空想やめて

よ。あの葉っぱはあんたと何の関係もないじゃない。お医者さんだってあんたのことを…」「こんばんは。おや、どうしたんじゃスー。怖い顔をして…」「こんばんは。ベアマンさん。傑作はまだかしら。フフフ」

その時、同じアパートに住む老人、ベアマンが訪ねてきました。ベアマンは画家です。ですが、偏屈な性格でしかも全く売れない落ちこぼれでした。そんな貧乏画家にジョアンナだけはなぜかなついていました。ベアマンはジョアンナに口癖のようにこう言うのです。「ジョアンナ、わしはいつかお前が驚く大傑作を描いてみせるぞ」

しかし、彼に芸術の女神がほほ笑むことはありませんでした。スーはジョアンナを寝かせつけると、ベアマンにジョアンナの病状と彼女のばかげた空想について話しました。「なんじゃと? あの子がそんなことを?」「ジョアンナの心はもうあの葉っぱみたいに、か弱くなっているの」「全く馬鹿げておる。あんな忌々しい葉っぱが…」

「これは。アアー、いかん。雨が…」「アーッ、なんてことなの? このままだと、朝にはもう葉っぱが…」「何を言う?あんたも馬鹿な女じゃな。あ、いや、そもそもジョアンナがそんな妄想するのはあんたのせいじゃ。あんたがしっかりせんからじゃ」「そんな。ベアマンさん。こんな時になんてひどい人なの。一体あなたに何が分かるの」「フン、せいぜい葉っぱが落ちないよう祈るんじゃな」その夜は雪混じりの激しい雨となりました。猛烈な突風と雨が容赦なくアパートの壁を叩きました。スーは外を見ることができず、カーテンを閉め一晩中泣きました。

[3] 위의 문장을 읽고 번역을 합시다.

....

....

....

....

....

....

....

....

....

....

....

....

....

....

[4] 한국어로 번역된 문장을 보면서 2/3의 일본어 원문을 들어봅시다.

[1] 아래 일본어 단어의 의미를 새기면서 읽어봅시다.

• 開けてちょうだい 열어줘(〜てちょうだい, 아이나 여성들이 쓰는 표현)

• 翌朝 이튿날 아침 • やさしい太陽の光 부드러운 햇살 • カーテン越しに 커튼 너머로

• 二人を包む 두 사람을 에워싸다 • 瞳 눈동자 • 冷たい死の影 차가운 죽음의 그림자

• 宿す 머금다 • 促す 재촉하다 • 言ってやらなきゃ 言ってやらなければならない 말을 해

줘야해 • けちな葉っぱ 인색한 잎사귀 • 何という奇跡でしょう 이 무슨 기적인가요?

• 窓の外 창밖 • 無慈悲な嵐 무자비한 태풍 • 耐え抜く 끝까지 견뎌내다 • 気高く勇敢

な葉っぱ 고상하고 용감한 잎사귀 • ゆるぎなく 흔들림 없이, 확고하게 • 残っている

ではありませんか 남아 있는 게 아니겠습니까? • 罪 죄 • 必死で 필사적으로

• 叱る 꾸짖다, 나무라다 • お腹がすく 배가 고프다 • 久しぶりに 오랜만에 • 医者も驚

くほどの回復を見せる 의사도 놀랄 정도의 회복을 보이다 • おめでとう 축하해

• 大丈夫だ 괜찮다 • 彼女にもよろしく 그녀에게도 안부 전해주세요 • 入院した患者

입원한 환자 • 急性の肺炎 급성폐렴 • 先日 얼마 전 • 運び込まれる 運び込む의 수동형

• この間の嵐 일전에 불던 태풍 • びしょ濡れで倒れる 흠뻑 젖은 채 쓰러지다

• 不思議 이상함 • 風が吹く 바람이 불다 • 雨に打たれる 비를 맞다 • ちっとも色褪せ

ない 조금도 색이 바래지 않다 • ついに 마침내 • 生涯最高の絵 일생일대의 최고 그림

• 絵を描く 그림을 그리다

[2] 아래 본문의 한자 단어에 주목하면서 문장을 들어봅시다. (05:03〜09:01)

　「おはよう、スー。さあ、カーテンを開けてちょうだい。私、外が見たいわ」そして翌朝、やさしい太陽の光が、カーテン越しに二人を包みました。ジョアンナは瞳に冷たい死の影を宿しスーを促します。「ええ、ジョアンナ。言ってやらなきゃ。あんなけちな葉っぱ。あんたには何の関係もないって…」スーはカーテンを開けました。すると、オオー、神よ。何という奇跡でしょう。窓の外にはあの無慈悲な嵐を耐え抜いた気高く勇敢な葉が一枚ゆるぎなく残っているではありませんか。「最後の一葉」「はあ、主よ。感謝します」「ねえ、スー。私悪い人間だったわ」「ジョアンナ」「死にたいなんて言うのは罪だわ。あの葉っぱはたった一枚であんなに必死で生きている。きっと私を叱っているのね。さあ、スー。私お腹がすいたわ。スープをちょうだい。久しぶりにあなたの料理が食べたいわ」その日からジョアンナは、医者も驚くほどの回復を見せました。

　「おめでとう。スー。ジョアンナはもう大丈夫だ。君もよく頑張ったね」「ありがとう、先生」「彼女にもよろしく。ああ、そう言えば、ちょっと聞きたいんだけど、いいかな。最近入院した患者のことでね。君と同じアパートらしいんだけど、知ってるかな。名前はベアマンといったか」「え、ベアマン?」「急性の肺炎でね、先日運び込まれたんだけど、助かる見込みはないだろう。この間の嵐のなかびしょ濡れで倒れていてね。どうやら画家らしいんだけど。おや、どうしたんだい、スー?おい、スー」

　「はあ、ジョアンナ。今ベアマンさんが亡くなったわ。ねえ、あんた。あ

の葉っぱ。不思議じゃない？風が吹いても動かない。雨に打たれてもちっと

も色褪せない。あれはねえ、ジョアンナ。嵐の晩、ベアマンさんが描いた傑作

だったのよ。最後の一葉が落ちた夜、あの人はついに生涯最高の絵を描いた

のよ」 ＜終り＞

[3] 위의 문장을 읽고 번역을 합시다.

....

....

....

....

....

....

....

....

....

....

....

....

....

....

[4] 한국어로 번역된 문장을 보면서 3/3의 일본어 원문을 들어봅시다.

[5] 전체 문장을 의미를 되새기면서 들어봅시다.

「ジョアンナが助かる見込みは、十に一つといったところでしょう。それ
も今のままではだめです。彼女は葬儀屋を待つみたいにすっかり諦めている。
これではどんな薬も効きません」「へえ、先生。ジョアンナは最近心も体も
すっかり弱っていて…」「いいかい、スー。あなたが彼女に光を与えてやれ
ば、十に一つの可能性が二つにも三つにもなるんだ」

<最後の一葉> O・ヘンリ

病院を出ると、スーはジョアンナと暮らす部屋に戻りました。ジョアンナ
はベットの上で、ぼんやりと外を眺めています。「十三」「ただいま、ジョ
アンナ。具合はどう?」「十二」「はあ、何を数えているの?」「十一」窓の
外には、となりのレンガ造りの家が見えるだけです。そしてその壁には、古
いつたが伸びています。

「だんだん、落ちるのが早くなってきたわ。三日前は百近くあったから、
大変だったのよ。でも今は簡単」「な、何なの? 私にも教えて」「つたの
葉っぱよ。ほら、あの壁から伸びているでしょう。あの最後の一葉が落ちた
ら、きっと私も行かなきゃならないの」

弱々しく笑うジョアンナを見て、スーはぞっとしました。窓の外からは冬
の冷たい風の音が聞こえます。「何を言ってるの? そんな馬鹿な空想やめて
よ。あの葉っぱはあんたと何の関係もないじゃない。お医者さんだってあん
たのことを…」「こんばんは。おや、どうしたんじゃスー。怖い顔をし
て…」「こんばんは。ベアマンさん。傑作はまだかしら。フフフ」

その時、同じアパートに住む老人、ベアマンが訪ねてきました。ベアマンは画家です。ですが、偏屈な性格でしかも全く売れない落ちこぼれでした。そんな貧乏画家にジョアンナだけはなぜかなついていました。ベアマンはジョアンナに口癖のようにこう言うのです。「ジョアンナ、わしはいつかお前が驚く大傑作を描いてみせるぞ」

しかし、彼に芸術の女神がほほ笑むことはありませんでした。スーはジョアンナを寝かせつけると、ベアマンにジョアンナの病状と彼女のばかげた空想について話しました。「なんじゃと？あの子がそんなことを？」「ジョアンナの心はもうあの葉っぱみたいに、か弱くなっているの」「全く馬鹿げておる。あんな忌々しい葉っぱが…」

「これは。アアー、いかん。雨が…」「アーッ、なんてことなの？このままだと、朝にはもう葉っぱが…」「何を言う？あんたも馬鹿な女じゃな。あ、いや、そもそもジョアンナがそんな妄想するのはあんたのせいじゃ。あんたがしっかりせんからじゃ」「そんな。ベアマンさん。こんな時になんてひどい人なの。一体あなたに何が分かるの」「フン、せいぜい葉っぱが落ちないよう祈るんじゃな」その夜は雪混じりの激しい雨となりました。猛烈な突風と雨が容赦なくアパートの壁を叩きました。スーは外を見ることができず、カーテンを閉め一晩中泣きました。

「おはよう、スー。さあ、カーテンを開けてちょうだい。私、外が見たいわ」そして翌朝、やさしい太陽の光が、カーテン越しに二人を包みました。ジョアンナは瞳に冷たい死の影を宿しスーを促します。「ええ、ジョアン

ナ。言ってやらなきゃ。あんなけちな葉っぱ。あんたには何の関係もないって…」スーはカーテンを開けました。すると、オオー、神よ。何という奇跡でしょう。窓の外にはあの無慈悲な嵐を耐え抜いた気高く勇敢な葉が一枚ゆるぎなく残っているではありませんか。「最後の一葉」「はあ、主よ。感謝します」「ねえ、スー。私悪い人間だったわ」「ジョアンナ」「死にたいなんて言うのは罪だわ。あの葉っぱはたった一枚であんなに必死で生きている。きっと私を叱っているのね。さあ、スー。私お腹がすいたわ。スープをちょうだい。久しぶりにあなたの料理が食べたいわ」その日からジョアンナは、医者も驚くほどの回復を見せました。

「おめでとう。スー。ジョアンナはもう大丈夫だ。君もよく頑張ったね」「ありがとう、先生」「彼女にもよろしく。ああ、そう言えば、ちょっと聞きたいんだけど、いいかな。最近入院した患者のことでね。君と同じアパートらしいんだけど、知ってるかな。名前はベアマンといったか」「え、ベアマン?」「急性の肺炎でね、先日運び込まれたんだけど、助かる見込みはないだろう。この間の嵐のなかびしょ濡れで倒れていてね。どうやら画家らしいんだけど。おや、どうしたんだい、スー?おい、スー」

「はあ、ジョアンナ。今ベアマンさんが亡くなったわ。ねえ、あんた。あの葉っぱ。不思議じゃない?風が吹いても動かない。雨に打たれてもちっとも色褪せない。あれはねえ、ジョアンナ。嵐の晩、ベアマンさんが描いた傑作だったのよ。最後の一葉が落ちた夜、あの人はついに生涯最高の絵を描いたのよ」

<終り>

[6] 아래의 일본어 질문에 일본어로 대답합시다.

① ジョアンナが暮らす部屋の窓の外には、何が見えるだけでしたか。

....

② その壁には、何が伸びていましたか。

....

③ ジョアンナは最後の一葉が落ちると、自分はどうなると思いましたか。

....

④ ジョアンナと同じアパートに住んでいる老人の名前は何でしたか。

....

⑤ 老人の職業は何でしたか。

....

⑥ 老人はどんな性格でしたか。

....

⑦ スーがカーテンを開けると、葉っぱはいくつ残っていましたか。

....

⑧ 老人は、どうして亡くなりましたか。

....

⑨ その木の葉は、誰が描きましたか。

....

⑩ この話しを聞いて、何を感じましたか。

....

[7] 아래의 일본어 문장을 읽고 본문 내용과 일치하는 것에는 ○를, 일치하지 않는 것에는 ×를 기입하세요.

① 彼女は葬儀屋を待つみたいに、すっかり落ち込んでいる。これではどんな薬も効きません。　　　　　　　　　　　　　　　（　　　）

② だんだん落ちるのが早くなってきたわ。五日前は百近くあったから、大変だったのよ。　　　　　　　　　　　　　　（　　　）

③ その時、同じアパートに住む奥さん、ベアマンが訪ねてきました。ベアマンは画家です。　　　　　　　　　　　　（　　　）

④ スーはジョアンナを寝かせつけると、ベアマンにジョアンナの病状と彼女のばかげた夢想について話しました。　　（　　　）

⑤ その昼は雪混じりの激しい雨となりました。猛烈な突風と雨が容赦なくアパートの壁を叩きました。　　　　　　（　　　）

⑥ そして翌朝、やさしい太陽の光が、カーテン越しに三人を包みました。
　　　　　　　　　　　　　　　　　　　　　　　　　　　（　　　）

⑦ 窓の外にはあの無慈悲な嵐を耐え抜いた気高く勇敢な葉が一枚ゆるぎなく残っているではありませんか。　　　　（　　　）

⑧ 私お腹がすいたわ。パンをちょうだい。久しぶりにあなたの料理が食べたいわ。　　　　　　　　　　　　　　（　　　）

⑨ 急性の肺炎でね、先日運び込まれたんだけど、助かる見込みはないだろう。　　　　　　　　　　　　　　　　（　　　）

⑩ 最後の一葉が落ちた晩、あの人はついに生涯最高の絵を描いたのよ。
　　　　　　　　　　　　　　　　　　　　　　　　　　　（　　　）

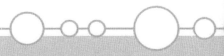

Unit 5

藤十郎の恋 <small>とうじゅうろう</small> <small>こい</small> (1919年)

菊地寛 <small>きくちかん</small> 作(1888年〜1948年)・きくドラ 脚色

【key words】

近松門左衛門、お稽古、狂言、はりつけの刑、歌舞伎、濡れ事、江戸、祇園祭、
色事師

🎧 들리는 단어를 히라가나나 한자로 적어봅시다.

....

....

....

....

....

....

....

....

....

....

....

[1] 아래 일본어 단어의 의미를 새기면서 읽어봅시다.

• たとい 설령 • 水火극심한 고통 • 苦しみ괴로움 • いかん아니야

• 御身とならば그대와 함께라면 • いとわばこそ절대로 싫어하는 일은 없을 것이다

• さすが과연, 역시 • 近松さま지카마쓰님 • 容易にはいかぬ쉽게는 되지 않는군요

• あれ어머나 • 藤十郎さま도쥬로님 • お稽古연극 연습 • とんだ뜻밖의, 엉뚱한

• 粗相실수 • いたす する의 겸양어 • お梶殿오카지님 • そなたこそ그대야말로

• ご亭主부군님 • そろそろ슬슬 • お休み成さりませ쉬시옵소서 • 何でございま

しょう무엇인지요 • 恋사랑 • 近松門左衛門가부키 극작가 • 依頼의뢰 • こたび이번

• 狂言能楽의 막간에 상연하는 희극 • 恐ろしい恋무서운 사랑 • 身を焦がす몸을 태

우다 • 命がけの恋목숨을 건 사랑 • 人妻남의 아내 • 道ならぬ恋도리에 어긋난 사랑

• まかり違えば만일 잘 못되면 • はりつけの刑책형 • 歌舞伎가부키 • 始まって以来

시작된 이래 • 珍しい狂言새로운 교겐 • 上演前상연전 • 大層な評判대단한 평판

• 役者冥利に尽きる배우로서 이 이상의 행복은 없다 • 濡れ事정사 • 飽く질리다, 싫

증나다 • 江戸도쿄의 옛 이름 • 団十郎じ단쥬로 • いやいや아니아니 • 七三郎시치사

부로 • 言い＋腐る말하는 동작에 대한 경멸 혹은 욕하는 기분을 나타내는 말씨

• 公家衆조정의 벼슬아치들 • 何やら어쩐지 • 機嫌が悪い심기가 불편하다 • 新しい

狂言だけに새로운 교겐인만큼 • 苦心고심 • 尋常ではあるまい예사롭지 않을 것이다

• 最も じゃ당연하지 • 生まれながら천부적인 • 色事師연극에서 정사 연기에 능한 배우

• 人の女房남의 마누라 • 懇ろ마음에 품음, 친밀해짐 • そなた그대

[2] 아래 본문의 한자 단어에 주목하면서 문장을 들어봅시다. (~03:13)

「たとい水火の苦しみも。フーン。いかん。御身とならば、いとわばこそ。フーン。さすが、近松さま。容易にはいかぬ」「あれ、藤十郎さま。こんな時間までお稽古を。とんだ粗相をいたしました。ごめんくださいませ」「おー、お梶殿。そなたこそ。ご亭主は?」「もう休んでおります。藤十郎さまもそろそろお休み成さりませ。どれ、水などをお持ちしましょう。では、ウフフ」「お梶殿」「お梶殿。待たせられ」「は、はい。藤十郎さま。何でございましょう」「この藤十郎、そなたに話しがありもうす」

<藤十郎の恋> 菊地寛

「藤十郎さまが近松門左衛門さまに依頼したこたびの狂言、これは恐ろしい恋じゃ。身を焦がすほどの命がけの恋じゃ」「ウーン。人妻との道ならぬ恋とはの。まかり違えば、はりつけの刑じゃ」「しかし、歌舞伎始まって以来の珍しい狂言じゃと。上演前から大層な評判じゃ。われらも役者冥利に尽きるというもの」「藤十郎の濡れ事はもう飽いた。これからは江戸の団十郎じゃ。いやいや。七三郎じゃ。そう言い腐った公家衆もさぞ驚くことであろう」「そう言えば、その藤十郎さまは、何やら最近機嫌が悪いような…」「ウーン。新しい狂言だけに苦心も尋常ではあるまい」「最もじゃ。生まれながらの色事師。藤十郎さまとて、人の女房と懇ろになったことはあるまい。「オッー、おやおや。そなた。覚えがおおありで」「ないわ」「アッハハハ」「あってよいものか」「確かに…」「ハッハハハ」

[3] 위의 문장을 읽고 번역을 합시다.

[4] 한국어로 번역된 문장을 보면서 1/3의 일본어 원문을 들어봅시다.

[1] 아래 일본어 단어의 의미를 새기면서 읽어봅시다.

- 近う 가까이 • もう少し 좀 더 • 藤十郎さま っ たら 도쥬로님도 참 • 急に 갑자기
- 真面目 진지함 • どうせ 어차피 • 冗談 농담 • 懺悔 참회 • 歳 나이 • 祇園祭 기온마쓰리
- 折 때, 무렵 • 初めて 처음으로 • 宮川町 미야가와쵸 • いかに 얼마나 • 若女形 아씨
- とて 라고 • 足元にも及ばぬ 발밑에도 못 미치다 • 噂 소문 • 聞きしに勝る 들어 예
상한 이상이다 • 美しさ 아름다움 • 器量自慢 용모가 뛰어난 것을 자랑으로 여김
- 身が引ける 나설 엄두가 안 나다, 뒷걸음질 치다 • 世にもまれなる美しい人 세상
에 보기 드문 아름다운 사람 • 思いそめる 깊이 마음속에 물들이다 • 折あらば 기회가
있으면, 기회가 생기면 • 言いよる 말을 걸어 다가가다 • 始終 시종 • 念じる 염원하다,
기원하다 • 親方 가부키의 우두머리 • 心が焼く 마음이 타다 • 焦がれる 애타게 그리다
- 所詮 어차피 • 期を待つ 때를 기다리다 期を待つよりほかはない 때를 기다리는 것
외에는 없다 • 諦める 체념하다 • 宿の主人と夫婦に 여관의 주인과 부부가 됨
- わが無念 나의 분함, 나의 원통함 • 胸が張り裂ける 가슴이 찢어지다 • 人妻 남의 아내
- 慕う 흠모하다, 그리워하다 • 人の道にあらず 사람의 도리가 아니다 • 心でいくら制して
も 마음으로 아무리 다스려도 • 凡夫の思い 범부의 생각 • 明け暮れる 세월이 흐르다,
나날을 보내다 • 燃え盛る 활활 타오르다 • じっと 지긋이 • 押さえる 억누르다
- もはや 이미 • 老いる 늙다 • 忍びに忍ぶ 견디고 또 견디다 • 一言 한 마디 • 打ち明
ける 털어놓다, 고백하다 • 一体 도대체 • いつの世 어느 세상 • 哀れ 불쌍함

・おぼしめさば生각하신다면 ・たった一言단 한 마디 ・情け정 ・許し용서 ・嘘偽り거짓

・本心본심 ・哀れとは思わぬか불쌍하다고 생각하시지 않는가

・せめてたった一言하다못해 단 한 마디

[2] 아래 본문의 한자 단어에 주목하면서 문장을 들어봅시다. (03:14~07:15)

「と、藤十郎さま」「お梶殿。近こう、もう少し近こう」「アッハハ

ハ。もう藤十郎さまったら。急に真面目になって。どうせまたご冗談でしょ

う。アッフフフ」「お梶殿。藤十郎の、この藤十郎の懺悔を聞いてはくださ

らんか」「ざ、懺悔?」「あれはもう二十年も昔、そなたが十六で、わしが

二十の歳じゃったが…。祇園祭の折、初めておうたときのことを覚えておい

でか」「え、もちろん。あの時のことは…」「宮川町のお梶と言えば、い

かに美しい若女形とて足元にも及ばぬ。そう噂には聞いておったが。なるほ

どおうてみれば、聞きしに勝る美しさ。器量自慢であったこの藤十郎さえ、

そなたの前では身が引けたものじゃ」「まあ、アッフフフ」「その時から

じゃ。そなたを世にもまれなる美しい人じゃと思いそめたのは…」「え

っ?」「折あらば言いよろうと始終念じてはいた。じゃが、親方が厳しゅう

てな。ただ、心だけが焼くように焦がれておった。所詮、期を待つよりほか

はないと諦めているうち、そなたはこの宿の主人と夫婦に。その時のわが

無念、今思い出しても胸が張り裂けるようじゃ」「アーッ。そ、そのような

ことを…」「人妻になったそなたを慕うは。人の道にあらず。心でいくら制

しても止まらぬは凡夫の思い。お梶殿。この藤十郎。明け暮れ燃え盛るそな

たへの思い、じっと押さえては来たが、もはや老いた。これほどの恋を二十年来、忍びに忍んだ、これほどの恋をこの世で一言も打ち明けず、一体いつの世に、一体誰に語れば良い。のー、お梶殿」「しかし、私は、私には…」「お梶殿、藤十郎を哀れとおぼしめさば、たった一言、たった一言情けある言葉を…。のー、お梶殿、お梶殿」「と、藤十郎さま。いけませぬ。お、お許しを…」「お梶殿。そなた。藤十郎の嘘偽りのない本心を聞いて、二十年来忍びに忍んだ恋を聞いて、哀れとは思わぬか。のー、お梶殿。せめてたった一言、お梶殿」「お許しを…」

[3] 위의 문장을 읽고 번역을 합시다.

....

....

....

....

....

....

....

....

....

....

....

....

....

[4] 한국어로 번역된 문장을 보면서 2/3의 일본어 원문을 들어봅시다.

[1] 아래 일본어 단어의 의미를 새기면서 읽어봅시다.

-粗相실수 •申す言う의 겸양어 •舞台の上무대 위 •日本無双일본에서 둘도 없다

•おっしゃる言う의 존경어 •本心본심 •命を投げ出す목숨을 내던지다

•死を賭す죽음을 걸다 •嬉しい기쁘다 •嬉しゅうございます기쁘옵니다

•狂言の工夫교겐의 공부 •ことごとく전부, 모조리 •新しい芝居새로운 연극

•勿論물론 •四十と思えぬあの美しさ마흔이라고는 생각되지 않은 아름다움

•雅な身のこなし우아한 몸동작 •人妻に向ける남의 아내를 향하다 •火のような眼差

し불같은 눈길, 시선 •悩ましいお顔매혹적인 얼굴 •たまらない미치다, 견딜 수 없다

•どこかの女房を騙す외관 부인을 속이다 •嘘の恋거짓사랑 •けしかける부추기다,

꼬드기다 •人妻を狂わせる남의 아내를 미치게 하다 •うらやましい부럽다

•三国一の果報者삼국 제일의 행운녀(행운아) •心得소양, 마음가짐 •芸예능

•摂政関白섭정관백(고관대작) •下種下郎시정잡배 •役者배우 •噂소문 •打ち消す

없애다, 부정하다 •大入り많이 들어 옴 •自害じ 자해 •泊まる묵다 •宿여관

•お内儀부인 •楽屋내막, 분장실 •隅구석 •世間に知れる세간에 알려지다

•狂言の人気교겐의 인기 •傷상처 •心配걱정 •多言말이 많음 •無用무용

•たかが고작 •女子一人の命여자 한 사람의 목숨 •傷つける상처를 입히다

•皆の衆여러분(모두들) •まもなく곧바로 •見物구경 •いっそ차라리

•心を込める마음을 담다 •挑む도전하다 •日本一일본제일

[2] 아래 본문의 한자 단어에 주목하면서 문장을 들어봅시다. (07:16~13:59)

「フッハハハ、ハハハ。これはとんだ粗相を申しました。ですが、お梶殿。そなた、お強い方じゃのー。この藤十郎。舞台の上では日本無双の色事師じゃが、たわいものうふられもうしたわ。ハッハハハ」「藤十郎さま。では今おっしゃったこと、みな本心なのですか」「ああ、人妻にいいよるからは命を投げ出しての、死を賭しての恋じゃ」「はあ、藤十郎さま。嬉しい。嬉しゅうございます。私も、お梶もあなた様を…」「藤十郎さま、藤十郎さま」「ウォー、お梶殿」「藤十郎さま、藤十郎さま」

「近松さま。できもうした。狂言の工夫。ことごとくできもうしたぞ」「あ、どこに行かれるのです。藤十郎さま。お待ちください。藤十郎さま」「藤十郎さまー」

「ねえ、あんた。藤十郎さまの新しい芝居、もう見たかい。私はもうおかしくなりそうだよ」「勿論さ。ハア、藤十郎さま。四十と思えぬあの美しさ。雅な身のこなし」「それに人妻に向ける火のような眼差し。悩ましいお顔」「ああ、たまらない。女に生まれてよかったよ」「そう言えば、あの噂聞いたかい? 何でも藤十郎さま、今度の芝居のために、どこかの女房を騙したっていうじゃないか」「ああ、聞いた聞いた。嘘の恋をけしかけて人妻を狂わせたっていう」「おやまあ、うらやましい。たとえ嘘でも藤十郎さまだよ。その女三国一の果報者さ。ハハハ」

「ハッハッ。いやいや、なんとまあ困った噂じゃ。心得がのうてもあるようにみせるのが芸というもの。上は摂政関白。下は下種下郎にまでなって見

せるのがわれら役者。その噂打ち消してくだされ。さあ、今日も大入り
じゃ。そろそろ参ろうか」

　「じ、自害じゃ、自害じゃ。女の自害じゃ」「何? 女の自害?」「はあ、
藤十郎さま。大変じゃ。われらの泊まっている宿のお内儀、お梶殿が楽屋の
隅で、じ、自害を…。おや、藤十郎さま。どうなされた。お顔の色が…」
「お梶殿。なぜわざわざここで…。いや、それよりこれが世間に知れては
狂言の人気に傷が…」「ウーンウン、それが心配じゃ。皆さま。多言は無用
ですぞ」

　「フッ、フッフフフ、何、心配なことがあるものか。この藤十郎の人気。
たかが女子一人の命で傷つけられようか。さあ、皆の衆、まもなく幕じゃ。
今日は近松さまもご見物とのこと。いっそ、心を込めて挑もうぞ」「はあ、
ははあ」「ヨーッ、藤十郎、日本一」「ワー」　＜終り＞

[3] 위의 문장을 읽고 번역을 합시다.

[4] 한국어로 번역된 문장을 보면서 3/3의 일본어 원문을 들어봅시다.

[5] 전체 문장을 의미를 되새기면서 들어봅시다.

「たとい水火の苦しみも。フーン。いかん。御身とならば、いとわばこそ。フーン。さすが、近松さま。容易にはいかぬ」「あれ、藤十郎さま。こんな時間までお稽古を。とんだ粗相をいたしました。ごめんくださいませ」「おー、お梶殿。そなたこそ。ご亭主は?」「もう休んでおります。藤十郎さまもそろそろお休み成さりませ。どれ、水などをお持ちしましょう。では、ウフフ」「お梶殿」「お梶殿。待たせられ」「は、はい。藤十郎さま。何でございましょう」「この藤十郎、そなたに話しがありもうす」

<藤十郎の恋> 菊地寛

「藤十郎さまが近松門左衛門さまに依頼したこたびの狂言、これは恐ろしい恋じゃ。身を焦がすほどの命がけの恋じゃ」「ウーン。人妻との道ならぬ恋とはの。まかり違えば、はりつけの刑じゃ」「しかし、歌舞伎始まって以来の珍しい狂言じゃと。上演前から大層な評判じゃ。われらも役者冥利に尽きるというもの」「藤十郎の濡れ事はもう飽いた。これからは江戸の団十郎じゃ。いやいや。七三郎じゃ。そう言い腐った公家衆もさぞ驚くことであろう」「そう言えば、その藤十郎さまは、何やら最近機嫌が悪いような…」「ウーン。新しい狂言だけに苦心も尋常ではあるまい」「最もじゃ。生まれながらの色事師。藤十郎さまとて、人の女房と懇ろになったことはあるまい。「オッー、おやおや。そなた。覚えがおおありで」「ないわ」「アッハハハ」「あってよいものか」「確かに…」「ハッハハハ」

「と、藤十郎さま」「お梶殿。近こう、もう少し近こう」「アッハハハ。

もう藤十郎さまったら。急に真面目になって。どうせまたご冗談でしょう。アッフフフ」「お梶殿。藤十郎の、この藤十郎の懺悔を聞いてはくださらんか」「ざ、懺悔?」「あれはもう二十年も昔、そなたが十六で、わしが二十の歳じゃったが…。祇園祭の折、初めておうたときのことを覚えておいでか」「え、もちろん。あの時のことは…」「宮川町のお梶と言えば、いかに美しい若女形とて足元にも及ばぬ。そう噂には聞いておったが。なるほどおうてみれば、聞きしに勝る美しさ。器量自慢であったこの藤十郎さえ、そなたの前では身が引けたものじゃ」「まあ、アッフフフ」「その時からじゃ。そなたを世にもまれなる美しい人じゃと思いそめたのは…」「えっ?」「折あらば言いよろうと始終念じてはいた。じゃが、親方が厳しゅうてな。ただ、心だけが焼くように焦がれておった。所詮、期を待つよりほかはないと諦めているうち、そなたはこの宿の主人と夫婦に。その時のわが無念、今思い出しても胸が張り裂けるようじゃ」「アーッ。そ、そのようなことを…」「人妻になったそなたを慕うは。人の道にあらず。心でいくら制しても止まらぬは凡夫の思い。お梶殿。この藤十郎。明け暮れ燃え盛るそなたへの思い、じっと押さえては来たが、もはや老いた。これほどの恋を二十年来、忍びに忍んだ、これほどの恋をこの世で一言も打ち明けず、一体いつの世に、一体誰に語れば良い。のー、お梶殿」「しかし、私は、私には…」「お梶殿、藤十郎を哀れとおぼしめさば、たった一言、たった一言情けある言葉を…。のー、お梶殿、お梶殿」「と、藤十郎さま。いけませぬ。お、お許しを…」「お梶殿。そなた。藤十郎の嘘偽りのない本心を聞いて、二十年来忍

びに忍んだ恋を聞いて、哀れとは思わぬか。のー、お梶殿。せめてたった一言、お梶殿」「お許しを…」

「フッハハハ、ハハハ。これはとんだ粗相を申しました。ですが、お梶殿。そなた、お強い方じゃのー。この藤十郎。舞台の上では日本無双の色事師じゃが、たわいものうふられもうしたわ。ハッハハハ」「藤十郎さま。では今おっしゃったこと、みな本心なのですか」「ああ、人妻にいいよるからは命を投げ出しての、死を賭しての恋じゃ」「はあ、藤十郎さま。嬉しい。嬉しゅうございます。私も、お梶もあなた様を…」「藤十郎さま、藤十郎さま」「ウォー、お梶殿」「藤十郎さま、藤十郎さま」

「近松さま。できもうした。狂言の工夫。ことごとくできもうしたぞ」「あ、どこに行かれるのです。藤十郎さま。お待ちください。藤十郎さま」「藤十郎さまー」

「ねえ、あんた。藤十郎さまの新しい芝居、もう見たかい。私はもうおかしくなりそうだよ」「勿論さ。ハア、藤十郎さま。四十と思えぬあの美しさ。雅な身のこなし」「それに人妻に向ける火のような眼差し。悩ましいお顔」「ああ、たまらない。女に生まれてよかったよ」「そう言えば、あの噂聞いたかい? 何でも藤十郎さま、今度の芝居のために、どこかの女房を騙したっていうじゃないか」「ああ、聞いた聞いた。嘘の恋をけしかけて人妻を狂わせたっていう」「おやまあ、うらやましい。たとえ嘘でも藤十郎さまだよ。その女三国一の果報者さ。ハハハ」

「ハッハッ。いやいや、なんとまあ困った噂じゃ。心得がのうてもあるよ

うにみせるのが芸というもの。上は摂政関白。下は下種下郎にまでなって見せ
るのがわれら役者。その噂打ち消してくだされ。さあ、今日も大入りじゃ。
そろそろ参ろうか」

　「じ、自害じゃ、自害じゃ。女の自害じゃ」「何? 女の自害?」「はあ、
藤十郎さま。大変じゃ。われらの泊まっている宿のお内儀、お梶殿が楽屋の
隅で、じ、自害を…。おや、藤十郎さま。どうなされた。お顔の色が…」
「お梶殿。なぜわざわざここで…。いや、それよりこれが世間に知れては狂
言の人気に傷が…」「ウーンウン、それが心配じゃ。皆さま。多言は無用で
すぞ」

　「フッ、フッフフフ、何、心配なことがあるものか。この藤十郎の人気。
たかが女子一人の命で傷つけられようか。さあ、皆の衆、まもなく幕じゃ。
今日は近松さまもご見物とのこと。いっそ、心を込めて挑もうぞ」「はあ、
ははあ」「ヨーッ、藤十郎、日本一」「ワー」＜終り＞

[6] 아래의 일본어 질문에 일본어로 대답합시다.

① 藤十郎は、誰に新しい狂言を依頼しましたか。

....

② 女の主人公のお梶は、20年前には何歳でしたか。

....

③ 当時、藤十郎は何歳でしたか。

....

④ 20年前に何の祭りで、二人は知り合いになりましたか。

....

⑤ 藤十郎は、お梶のことを本当に愛していましたか。

....

⑥ どうして藤十郎は、お梶に愛を告白しましたか。

....

⑦ お梶は結局、どうなりましたか。

....

⑧ この話を聞いて、何を感じましたか。

....

[7] 아래의 일본어 문장을 읽고 본문 내용과 일치하는 것에는 ○를, 일치하지 않는 것에는 ×를 기입하세요.

① あれ、藤十郎さま。こんな遅くまでお稽古を。とんだ粗相をいたしました。 　　　　　　　　　　　　　　　　　　　　　　　　　　（　　　）

② 藤十郎さまが赤松門左衛門さまに依頼したこたびの狂言、これは恐ろしい恋じゃ。　　　　　　　　　　　　　　　　　　　　　　（　　　）

③ そう言えば、その藤十郎さまは、何やら最近機嫌がいいような…。

（　　　）

④ なるほどおうてみれば、ききしにまさる美しさ。器量自慢であったこの藤十郎さえ、そなたの前では身が引けたものじゃ。　　　　（　　　）

⑤ 所詮、期を待つよりほかはないと諦めているうち、そなたはこの宿の旦那と夫婦に。　　　　　　　　　　　　　　　　　　（　　　）

⑥ 明け暮れ燃え盛るそなたへの思い、じっと押さえては来たが、もはや老いた。　　　　　　　　　　　　　　　　　　　　　　（　　　）

⑦ これほどの恋を三十年来、忍びに忍んだ、これほどの恋をこの世で一言も打ち明けず、一体いつの世に、一体誰に語れば良い。　（　　　）

⑧ 藤十郎の嘘偽りのない本心を聞いて、二十年来忍びに忍んだ愛を聞いて、哀れとは思わぬか。　　　　　　　　　　　　　　　（　　　）

⑨ 何でも藤十郎さま、今度の芝居のために、どこかの奥さんを騙したっていうじゃないか。　　　　　　　　　　　　　　　　　（　　　）

⑩ 上は摂政関白。下は下種下郎にまでなって見せるのがわれら俳優。

（　　　）

Unit 6

<ruby>宝<rt>ほう</rt></ruby><ruby>石<rt>せき</rt></ruby>(1883年)

モーパッサン 作(1850年〜1895年)・きくドラ 脚色

【key words】

19世紀のパリ、オペラ、オペラ座、シャンゼリゼの宝石店

🎧 들리는 단어를 히라가나나 한자로 적어봅시다.

....

....

....

....

....

....

....

....

....

....

....

....

[1] 아래 일본어 단어의 의미를 새기면서 읽어봅시다.

• 世紀末세기말 • 幸運な男행운남 • 何のとりえもない아무런 쓸모도 없는

• 堅実견실함 • 小役人말단 관리 • 稼ぎも少ない벌이도 적다 • 全く완전히

• 不釣り合い어울리지 않음 • 自覚する자각하다 • お願い부탁 • 結婚결혼

• 喜んで기꺼이 • 妻아내, 처 • 本当정말 • 自分자신 • 求婚구혼 • 疑い의심

• 駄目元밑져야 본전(=駄目で元々) • 当たって砕けろ부딪혀서 깨져라

• マドモアーゼル미혼 여성을 경칭하는 프랑스어 • 気に入られる気に入る(마음에

들다)의 수동형(존경의 의미) • 疑う의심하다 • 不幸の始まり불행의 시작 • 宝石보석

• 料理上手요리를 잘함 • 毎食매 끼니 • 上等なワイン고급스런 와인 • 一流レスト

ラン일류 레스토랑 • 負ける지다, 패배하다 • やりくり上手변통을 잘 함, 잘 꾸려나감

• 幸せ者행복한 사람 • たった一つ단 하나 • 妻に対する不満아내에 대한 불만

• 芝居好き연극을 좋아함 • いくらなんでも아무리 그렇더라도, 어떤 사정이 있더라도

• 毎晩매일 밤 • 勘弁참음, 용서함 • 仕事で疲れている업무로 지치다 • 連日の観劇

매일 연극을 봄 • しんどい지치다, 힘들다 • 芝居だの、オペラだの연극이라든가 오

페라든가 • 苦手잘못함, 질색 • ぐっすりと푹 • チケット代입장료, 표값

• 上手に工面する쉽게 마련하다 • お前が見るにはかまわない네가 보는 것은 상관

하지 않겠다 • 付き合わされる付き合う의 사역수동형(付き合わせられる의 축약형)

　19世紀末のパリ。ここに一人の幸運な男がいた。「あの、あの、あの、あのですね」「何ですの? ムッシュ・ランタン」「その、僕は何のとりえもない堅実なだけのただの小役人だ。稼ぎも少ない。あなたのような美人には全く不釣り合いだと自覚している。でも、でもお願いだ。その、僕と結婚してください」「ウッフ、はい」「えっ?」「喜んであなたの妻になります。ランタンさん」「本当ですか。まさか…」「まあ。ご自分で求婚されておいてお疑いですか」「あ、いえ。駄目元だったんです。当たって砕けろで。まさか。お受けいただけようとは…」「ウッフフフ」「マドモアーゼル、一つ教えてください。一体この僕のどんなところが気に入られたのです?」「あなたのその人を疑わないところですよ」「はあ」だが、あとになって思えば、それが彼ランタンの不幸の始まりであった。モーパッサン 作 <宝石>

　「ウッ、まーい。お前はなんて料理上手なんだ。しかも毎食こんなに上等なワインまで。一流レストランにも負けていない。美人の上にやりくり上手。全く。お前という妻は、私はパリ一の幸せ者だ」「ウッフフフ」

　ただそんなランタンにもたった一つ、妻に対する不満があった。「なあ、お前一つだけいいかい?」「何ですの? あなた」「そのなんだ、お前の芝居好きのことだ」「はい」「いくらなんでもその毎晩は勘弁してくれ。私は仕事で疲れているのに連日の観劇は本当にしんどい」「お願いだ。どうか、毎晩は勘弁してくれ。あ、いや。本当のことを言えば、私は芝居だの、オペラだのがその苦手なんだ」「でしょうね。毎晩お席ではぐっすりとお休みで。

ウッフフ」「ハッハハ。そうなんだ。それはやりくり上手のお前のことだ。

チケット代も上手に工面しているようだから、お前が見るにはかまわない。

だが毎晩付き合わされるのだけは本当に勘弁しておくれ」「わかりました。

それではあなた?」「何だい?」「私がお友達と一緒に観劇するのはかまいま

せん?」「お友達? そんな友だちがお前にいるのかい?」「はい、何人も…」

「そうかい? それならそうしておくれ」「はい」

[3] 위의 문장을 읽고 번역을 합시다.

....

....

....

....

....

....

....

....

....

....

....

....

....

[4] 한국어로 번역된 문장을 보면서 1/4의 일본어 원문을 들어봅시다.

[1] 아래 일본어 단어의 의미를 새기면서 읽어봅시다.

•次の夜다음날 밤 •毎晩遅くまで매일 밤늦게까지 •劇場극장 •入り浸る뻔질나게

가다, 자주 가다 •悩ませる悩む(고민하다)의 사역형 •発生 발생 •宝石を集める보석

을 모으다 •甲斐性無し변변찮은 사람, 기댈 수 없는 사람 •ネックレス목걸이

•見栄외관, 겉모습 •一流の紳士淑女が集まる劇場일류 신사숙녀가 모이는 극장

•オペラ座오페라극장 •安物のイミテーション싸구려 짝퉁 •気になさらず気にせ

ず의 존경 표현)염려하지 마시길 •ホアグラ푸아그라 •召し上がる食べる의 존경어

•ますます점점 •料理上手요리를 잘함 •選ぶワイン고르는 와인 •どんどん척척,

속속 •安くてうまいワイン싸고 맛있는 와인 •宝石を集める보석을 모으다

•妙ちきりんな趣味이상야릇한 취미(괴상한 취미) •大目に見る눈감아 주다

•イミテーションの宝石짝퉁보석 •日を追う날을 좇다 •増える늘다, 증가하다

•心配걱정, 염려 •すごい熱심한 열 •急性肺炎급성폐렴 •帰らぬ人돌아오지 않는

사람(죽은 사람) •囲む에워싸다 •食卓식탁 •なんとわびしいことか얼마나 쓸쓸한

일인가? •不幸불행

[2] 아래 본문의 한자 단어에 주목하면서 문장을 들어봅시다. (03:59~06:28)

　その次の夜からマダムランタンは、毎晩遅くまで劇場に入り浸るように
なった。そしてもう一つ、ランタンを悩ませる小さな問題が発生した。
「な、お前」「何ですの?」「ウン、そんなイミテーションの宝石を集める
のはどうかと思うぞ」「そうかしら?」「ああ、そりゃ私は甲斐性無しだ。
お前に買ってやれるネックレス一つない。お前にも見栄というものはあるの
はわかる。だが、一流の紳士淑女が集まる劇場やオペラ座にそんな安物のイ
ミテーションをつけていくのは…」「いいんですよ、あなた。どうか、あ
なたはお気になさらず。さあ、ホアグラを召し上がれ」「オー、最近ますま
す料理上手になっていくな、お前は…。選ぶワインもどんどんおいしくなっ
ていくぞ。まったくどこからこんな安くてうまいワインを…」「フッフフ
フ」「まあ、ここまでやりくり上手ならイミテーションの宝石を集める妙ちき
りんな趣味くらいは、大目に見るとするか」「フッフフフ」それからマダムラ
ンタンの集めるイミテーションの宝石は日を追うごとにどんどん増えていった。
　そしてある夜、「あなた」「オー、お前。遅かったな。こんな寒い夜に
心配したよ」「あなた」「はあ、いかん。すごい熱じゃないか。早くお休
み」「はあ、はい」だが、一週間後。「あああ、何ということだ。私は、
私は、これから一体…」マダムランタンは急性肺炎で帰らぬ人となった。
「ああ、一人で囲む食卓のなんとわびしいことか」ランタンの不幸はそれで
は終わらなかった。

[3] 위의 문장을 읽고 번역을 합시다.

[4] 한국어로 번역된 문장을 보면서 2/4의 일본어 원문을 들어봅시다.

[1] 아래 일본어 단어의 의미를 새기면서 읽어봅시다.

• 生活생활 • たちまちにして순식간에 • 逼迫핍박 • 家計が苦しい가계가 고통스럽다

• 出来合いのまずい惣菜완성도 떨어지는 맛없는 반찬 • あいつ그녀석(여기서는 부

인을 지칭) • 頃무렵 • 比べる비교하다 • 金がなくなる돈이 없어지다 • どうやって

어떻게 해서 • あんな料理그런 요리 • 私の給料나의 월급 • ひねり出す만들어 내다

• ほどがある정도가 있다 • 無残무참함 • 崩壊붕괴 • 形見유품, 추억거리

• 手をつける손을 대다 • 事ここに至る사태가 여기에 이르러다

• 背に腹は代えられない등을 배로 대신할 수 없다(배가 등에 붙을 수 없다, 굶을 수 없다)

• ガラクタ잡동사니 • 比較的비교적 • 見栄え좋게 보임 • 買い取る사서 자신의 소유

로 하다 • 拝見する보는의 겸양어 • 白状자백 • 私ども저희들 • お引き取りいたし

かねます引き取る의 연용형＋いたす의 연용형＋かねる(어렵다) • 正真正銘のサファ

イア틀림없는 진짜 사파이어 • 山々なれど꿀떡같지만 • あいにくと공교롭게도

• 手前ども저희들 • 小棚작은 진열대 • 払うべき지불해야 할

• 代金の持ち合わせ가지고 있는 대금 • しかるべき마땅한, 적당한

• 宝石店보석가게 • 持ち込まれる持ち込む(가지고 들어가다)의 수동형

[2] 아래 본문의 한자 단어에 주목하면서 문장을 들어봅시다. (06:29~08:39)

「なぜだ。なぜだ」彼の生活はたちまちにして逼迫した。「なぜだ、なぜこんなに家計が苦しくなるんだ。食事は出来合いのまずい惣菜、ワインだってあいつが生きていた頃に比べれば、ひどいものばかりなのに、なぜこんなに金がなくなるんだ。あいつはどうやってあんな料理やワインを私の給料からひねり出せたんだ。はあ、やりくり上手にもほどがあるぞ」ムッシュ・ランタンの家計は無残にも崩壊した。「あいつの形見に手をつけるつもりはなかったが、事ここに至っては背に腹は代えられない。こんなガラクタでも売ればいくらかになるだろう。オー、このネックレスは比較的、見栄えがいいなあ」

「いらっしゃいまし」「あの、これを買い取ってはいただけないでしょうか」「オー、拝見いたしましょう」「いくらでもいいので」「フーン、ホー、これは」「白状いたしますとイミテーションでして」「お客様」「はい」「私どもではお引き取りいたしかねます」「えへへ。そうでしょうな。こんなガラクタ」「いいえ。お客様。これは正真正銘のサファイアでございます」「えっ?」「お買取りいたしたいのは山々なれど、あいにくと手前どものような小棚では払うべき代金の持ち合わせがございません」「な、何ですと?」「しかるべき宝石店へ持ち込まれてはいかがでしょう」「わ、わかった。そうしよう」

[3] 위의 문장을 읽고 번역을 합시다.

··

··

··

··

··

··

··

··

··

··

··

··

··

··

··

[4] 한국어로 번역된 문장을 보면서 3/4의 일본어 원문을 들어봅시다.

[1] 아래 일본어 단어의 의미를 새기면서 읽어봅시다.

- 一生 평생 • 縁 인연 • 当店 저희 가게 • 初めて 처음 • 紹介状 소개장 • 一目 한 눈
- 首飾 목걸이 장식 • 芳名 남의 이름을 높여 부르는 말 • 奥様 부인 • 以前 이전
- 買上 매상 • 存じ上げる 知る의 겸양어 • 家内 아내 • 承る 聞く, もらう의 겸양어
- 売値 판매한 금액 • 半額 반액 • 不満 불만 • 6割 6할, 60% • 金額 금액 • 頼む 부탁하다
- 月給3か月分 월급의 3개월분 • 生前 생전 • 愛顧を賜る 보살핌을 받다, 구입해주시다
- 眠る 잠들다 • 帳簿 장부 • 高価 고가 • 店員 점원 • 洗いざらい 모조리, 몽땅
- 数日後 며칠 후 • 給料 급료 • 退職金 퇴직금 • 絶頂 절정 • シャンパンの風呂 샴페인 목욕탕 • 数年後 수년 후 • 後添えを迎える 새 장가를 들다, 재혼하다 • 前妻 전처
- 大分 상당히, 매우 • 見劣り 못해 보임 • 経済観念のしっかりした 경제관념이 투철한
- 身持ちの固い女 몸가짐이 확고한 여자 • 倹約 검약, 절약 • 派手な生活 화려한 생활
- 想像 상상 • 稼ぎが少ない 벌이가 적다 • 遺産 유산 • 浪費家 낭비가 • がっかり 실망함
- 放蕩の日々 방탕의 나날들

[2] 아래 본문의 한자 단어에 주목하면서 문장을 들어봅시다. (08:40~12:56)

「シャンゼリゼの宝石店、一生縁などないと思っていたが…」「いらっしゃいませ」「いらっしゃいませ」「どのようなご用でしょうか」「ウフフ。そ、そうだ。こ、これをこのサファイアを買い取ってもらいたい」「失礼ですが、お客様。当店へは初めてですね」「ああ、そうだが…」「どなたかのご紹介状は?」「紹介状? そんなものはないが、こ、これは正真正銘のサファイアだ」「でしょうな。一目でわかりました。この首飾は当店でお売りしたものです」「な、何だと?」「お客様。失礼ですが、ご芳名をおうかがいできましょうか」「ご、ご、ラン、ランタンという」「ああ、ランタンさま」「えっ?」「奥様が以前当店でお買上を。よく存じ上げております」「そ、その家内が亡くなった形見だが、買い取ってもらいたい」「承りました。では売値の半額でいかがでしょう」「えっ?」「この額になりますが…」「な、何? これで半額?」「ご不満でしたら6割で?」「アー、アッ、その金額で頼む。私の月給3か月分だと」「ランタン様」「ああ」「見ればお困りのご様子」「こ、困ってなどいないが」「奥様には生前大変なご愛顧を賜っております。お宅には形見の品が他にもたくさん眠っておられるはず」「なぜわかる?」「すべて当店の帳簿に記載されております」「そ、そうなのか。な、なぜだ。あいつはどうやって、こんな高価なものを。そ、それにあの店員たちや客たちの私を見る目。何がおかしい?」「いかがでしょう? ランタン様」「わ、わかった。洗いざらい持って来よう」「またのご来店、お待ち申し上げております」

数日後、「ウッハ、ウッハハハ。給料20年分だ。こりゃ退職金より多いぞ。よし私も楽しむぞ」思えば、これが彼の人生の絶頂であった。「ウッハハハ。シャンパンの風呂だ」

　数年後、彼は後添えを迎えた。前妻よりは大分見劣りしたが、経済観念のしっかりした身持ちの固い女であった。「あなた、私が妻になった以上は倹約ですよ。倹約。それにしても、派手な生活からは想像もしていませんでしたわ。あなたの稼ぎがこんなに少ないとは。あなたは前の奥様の遺産で遊んでいただけのただの浪費家でしたのね。がっかりですわ」「アッ、ああ」彼の放蕩の日々は短かった。＜終り＞

[3] 위의 문장을 읽고 번역을 합시다.

....

....

....

....

....

....

....

....

....

....

....

....

....

....

[4] 한국어로 번역된 문장을 보면서 4/4의 일본어 원문을 들어봅시다.

19世紀末のパリ。ここに一人の幸運な男がいた。「あの、あの、あの、あのですね」「何ですの?ムッシュ・ランタン」「その、僕は何のとりえもない堅実なだけのただの小役人だ。稼ぎも少ない。あなたのような美人には全く不釣り合いだと自覚している。でも、でもお願いだ。その、僕と結婚してください」「ウッフ、はい」「えっ?」「喜んであなたの妻になります。ランタンさん」「本当ですか。まさか…」「まあ。ご自分で求婚されておいてお疑いですか」「あ、いえ。駄目元だったんです。当たって砕けろで。まさか。お受けいただけようとは…」「ウッフフフ」「マドモアーゼル、一つ教えてください。一体この僕のどんなところが気に入られたのです?」「あなたのその人を疑わないところですよ」「はあ」だが、あとになって思えば、それが彼ランタンの不幸の始まりであった。 モーパッサン 作 <宝石>

「ウッ、まーい。お前はなんて料理上手なんだ。しかも毎食こんなに上等なワインまで。一流レストランにも負けていない。美人の上にやりくり上手。全く。お前という妻は、私はパリーの幸せ者だ」「ウッフフフ」

ただそんなランタンにもたった一つ、妻に対する不満があった。「なあお前、一つだけいいかい?」「何ですの? あなた」「そのなんだ、お前の芝居好きのことだ」「はい」「いくらなんでもその毎晩は勘弁してくれ。私は仕事で疲れているのに連日の観劇は本当にしんどい」「お願いだ。どうか、毎晩は勘弁してくれ。あ、いや。本当のことを言えば、私は芝居だの、オペラだのがその苦手なんだ」「でしょうね。毎晩お席ではぐっすりとお休みで。

ウッフフ」「ハッハハ。そうなんだ。それはやりくり上手のお前のことだ。チケット代も上手に工面しているようだから、お前が見るにはかまわない。だが、毎晩付き合わされるのだけは本当に勘弁しておくれ」「わかりました。それではあなた?」「何だい?」「私がお友達と一緒に観劇するのはかまいません?」「お友達? そんな友だちがお前にいるのかい?」「はい、何人も…」「そうかい? それならそうしておくれ」「はい」

　その次の夜からマダムランタンは、毎晩遅くまで劇場に入り浸るようになった。そしてもう一つ、ランタンを悩ませる小さな問題が発生した。「な、お前」「何ですの?」「ウン、そんなイミテーションの宝石を集めるのはどうかと思うぞ」「そうかしら?」「ああ、そりゃ私は甲斐性無しだ。お前に買ってやれるネックレス一つない。お前にも見栄というものはあるのはわかる。だが、一流の紳士淑女が集まる劇場やオペラ座にそんな安物のイミテーションをつけていくのは…」「いいんですよ、あなた。どうか、あなたはお気になさらず。さあ、ホアグラを召し上がれ」「オー、最近ますます料理上手になっていくな、お前は…。選ぶワインもどんどんおいしくなっていくぞ。まったくどこからこんな安くてうまいワインを…」「フッフフフ」「まあ、ここまでやりくり上手ならイミテーションの宝石を集める妙ちきりんな趣味くらいは、大目に見るとするか」「フッフフフ」それからマダムランタンの集めるイミテーションの宝石は日を追うごとにどんどん増えていった。

　そしてある夜、「あなた」「オー、お前。遅かったな。こんな寒い夜に心配したよ」「あなた」「はあ、いかん。すごい熱じゃないか。早くお休み」

「はあ、はい」だが、一週間後。「あああ、何ということだ。私は、私は、これから一体…」マダム・ランタンは急性肺炎で帰らぬ人となった。「ああ、一人で囲む食卓のなんとわびしいことか」ランタンの不幸はそれでは終わらなかった。

「なぜだ。なぜだ」彼の生活はたちまちにして逼迫した。「なぜだ、なぜこんなに家計が苦しくなるんだ。食事は出来合いのまずい惣菜、ワインだってあいつが生きていた頃に比べれば、ひどいものばかりなのに、なぜこんなに金がなくなるんだ。あいつはどうやってあんな料理やワインを私の給料からひねり出せたんだ。はあ、やりくり上手にもほどがあるぞ」ムッシュ・ランタンの家計は無残にも崩壊した。「あいつの形見に手をつけるつもりはなかったが、事ここに至っては背に腹は代えられない。こんなガラクタでも売ればいくらかになるだろう。オー、このネックレスは比較的、見栄えがいいなあ」

「いらっしゃいまし」「あの、これを買い取ってはいただけないでしょうか」「オー、拝見いたしましょう」「いくらでもいいので」「フーン、ホー、これは」「白状いたしますとイミテーションでして」「お客様」「はい」「私どもではお引き取りいたしかねます」「えへへ。そうでしょうな。こんなガラクタ」「いいえ。お客様。これは正真正銘のサファイアでございます」「えっ?」「お買取りいたしたいのは山々なれど、あいにくと手前どものような小棚では払うべき代金の持ち合わせがございません」「な、何ですと?」「しかるべき宝石店へ持ち込まれてはいかがでしょう」「わ、わかった。そうしよう」

「シャンゼリゼの宝石店、一生縁などないと思っていたが…」「いらっしゃいませ」「いらっしゃいませ」「どのようなご用でしょうか」「ウフフ。そ、そうだ。こ、これをこのサファイアを買い取ってもらいたい」「失礼ですが、お客様。当店へは初めてですね」「ああ、そうだが…」「どなたかのご紹介状は?」「紹介状? そんなものはないが、こ、これは正真正銘のサファイアだ」「でしょうな。一目でわかりました。この首飾は当店でお売りしたものです」「な、何だと?」「お客様。失礼ですが、ご芳名をおうかがいできましょうか」「ご、ご、ラン、ランタンという」「ああ、ランタンさま」「えっ?」「奥様が以前当店でお買上を。よく存じ上げております」「そ、その家内が亡くなった形見だが、買い取ってもらいたい」「承りました。では売値の半額でいかがでしょう」「えっ?」「この額になりますが…」「な、何? これで半額?」「ご不満でしたら6割で?」「アー、アッ、その金額で頼む。私の月給3か月分だと」「ランタン様」「ああ」「見ればお困りのご様子」「こ、困ってなどいないが」「奥様には生前大変なご愛顧を賜っております。お宅には形見の品が他にもたくさん眠っておられるはず」「なぜわかる?」「すべて当店の帳簿に記載されております」「そ、そうなのか。な、なぜだ。あいつはどうやって、こんな高価なものを。そ、それにあの店員たちや客たちの私を見る目。何がおかしい?」「いかがでしょう? ランタン様」「わ、わかった。洗いざらい持って来よう」「またのご来店、お待ち申し上げております」

　数日後、「ウッハ、ウッハハハ。給料20年分だ。こりゃ退職金より多い

ぞ。よし私も楽しむぞ」思えばこれが、彼の人生の絶頂であった。「ウッハ
ハハ。シャンパンの風呂だ」

数年後、彼は後添えを迎えた。前妻よりは大分見劣りしたが、経済観念の
しっかりした身持ちの固い女であった。「あなた、私が妻になった以上は倹
約ですよ。倹約。それにしても、派手な生活からは想像もしていませんで
したわ。あなたの稼ぎがこんなに少ないとは。あなたは前の奥様の遺産で遊ん
でいただけのただの浪費家でしたのね。がっかりですわ」「アッ、ああ」彼
の放蕩の日々は短かった。＜終り＞

[6] 아래의 일본어 질문에 일본어로 대답합시다.

① いつ、どこに、どんな人がいましたか。

....

② 主人公の妻は、何が得意でしたか。

....

③ 主人公が、自分の妻に持っていたたった一つの不満は何でしたか。

....

④ 主人公は妻のもっていたネックレスを本物だと思いましたか、それとも
偽物だと思いましたか。

....

⑤ 主人公の妻は、どうして亡くなりましたか。

....

⑥ 主人公が最初訪問した宝石店では、妻のネックレスをどうして買ってくれませんでしたか。

....

⑦ 定価の6割で売れた妻のネックレスの金額は、主人公の何か月分の給料に当たりますか。

....

⑧ 主人公の妻が残したすべての宝石の値段は、主人公の給料の何年分でしたか。

....

⑨ 主人公は妻がなくなって、再婚しましたか。

....

⑩ 主人公は後添えから、なんと言われましたか。

....

⑪ この話を聞いて、何を感じましたか。

....

[7] 아래의 일본어 문장을 읽고 본문 내용과 일치하는 것에는 ○를, 일치하지 않는 것에는 ×를 기입하세요.

① その、僕は何のとりえもない堅実なだけのただの役人だ。稼ぎも少なくない。　　　　　　　　　　　　　　　　　　　　　（　　　）

② 私は仕事で疲れているのに連日の観劇は本当におもしろい。（　　　）

③ いや。本当のことを言えば、私は芝居だの、オペラだのがその得意なん
だ。　　　　　　　　　　　　　　　　　　　　　　　　　　（　　）

④ チケット代も上手に工夫しているようだから、お前が見るにはかまわな
い。　　　　　　　　　　　　　　　　　　　　　　　　　　（　　）

⑤ その次の夜からマダム・ランタンは、毎夜遅くまで劇場に入り浸るよう
になった。　　　　　　　　　　　　　　　　　　　　　　　（　　）

⑥ だが、一流の紳士淑女が集まる劇場やオペラ座にそんな高いものイミ
テーションをつけていくのは…。　　　　　　　　　　　　　（　　）

⑦ それからマダムランタンの集めるイミテーションのサファイアは日を追
うごとにどんどん増えていった。　　　　　　　　　　　　　（　　）

⑧ 食事は出来合いのまずい惣菜、カクテルだってあいつが生きていた頃と
比べれば、ひどいものばかりなのに、なぜこんなに金がなくなるんだ。
　　　　　　　　　　　　　　　　　　　　　　　　　　　　（　　）

⑨ あいつの形見に手をつけるつもりはなかったが、事ここに至っては背に
腹は代えられない。　　　　　　　　　　　　　　　　　　　（　　）

⑩ あなたの稼ぎがこんなに少ないとは。あなたは前の奥様の相続で遊んで
いただけのただの浪費家でしたのね。　　　　　　　　　　　（　　）

Unit 7

ていしゃば
停車場にて (1896年)

こいずみやくも
小泉八雲 作(1850年〜1904年)・きくドラ 脚色

福岡、電報、熊本、汽車、相撲町

🎧 들리는 단어를 히라가나나 한자로 적어봅시다.

---

[1] 아래 일본어 단어의 의미를 새기면서 읽어봅시다.

- 明治 메이지 • 福岡 지명 • 電報 전보 • 捕えられる 捕える의 수동형
- 重罪犯人 중범죄자 • 裁判 재판 • 正午着の汽車 정오에 도착하는 기차 • 熊本 지명
- 送られる 送る의 수동형 • 知らせる 알리다 • 熊本の警官 구마모토의 경찰관
- 罪人護送 죄수 호송 • 出張 출장 • 強盗 강도 • 相撲町 스모쵸(지명) • 押し入る 침입하다
- 家人 거주자 • 脅す 위협하다 • 縛る 묶다 • 貴重品 귀중품 • 奪う 빼앗다, 강탈하다
- 警官 경관 • 追跡 추적 • 盗品 훔친 물건 • さばく 처리하다, 처분하다, 팔아치우다
- 間もなく 틈도 없이 • 警察署 경찰서 • 途中 도중 • 鎖を切る 수갑을 자르다
- 警官の剣 경관의 칼 • 逃げる 도주하다, 도망치다 • 行方 행방 • 全く (전혀, 뒤에 부정
표현이 올 경우) • たまたま 우연히 • 福岡の監獄 후쿠오카의 감옥 • 頭脳 두뇌
- 焼き付ける 강한 인상을 남기다, 뇌리에 되새기다 • 顔を見つける 얼굴을 발견하다
- 停車場 정거장 • 目撃する 목격하다 • 大勢の人々 많은 사람들 • 憤怒 분노
- 覚悟 각오 • 暴力 폭력 • 恐れる 두려워하다 • 人望がある 신망이 있다, 신망이 두텁다
- 親戚 친척 • 必ず 틀림없이, 반드시 • 見物人 구경꾼 • 群衆 군중 • 穏やか 온순함
- 言いがたい 말하기 어렵다 • 警戒 경계 • 想像 상상 • 間違う 틀리다 • 汽車 기차
- 忙しさ 바쁨 • 騒がしさ 소란스러움 • 光景 광경 • 止まる 멈추다 • 改札の外 개찰구 밖
- 警部 경찰관 • 改札口 개찰구 • 押される 押す(밀다)의 수동형 • 罪人が出る 죄수가 나오다

明治二十六年六月七日。 昨日、 福岡から電報でそこで捕えられた重罪犯人が今日裁判のために、 正午着の汽車で熊本に送られることを知らせてきた。 熊本の警官がその罪人護送のために、 福岡へ出張していたのだ。 四年前、 一人の強盗が相撲町のある家に押し入って家人を脅して縛り、 貴重品を奪った。 警官に追跡されたその強盗は、 二十四時間以内に盗品をさばく間もなく捕えられた。 しかし、 警察署へ送られる途中、 鎖を切って警官の剣を奪ってその人を殺して逃げた。 そして先週まで、 それ以上、 強盗の行方は全く分からなかった。 それから熊本の警官がたまたま福岡の監獄を見に行って、 彼の頭脳に四年間焼き付けていた顔を見つけたのであった。

私は停車場への到着を目撃するために大勢の人々と一緒に行った。 私は憤怒を聞き、 また見る覚悟をしていた。 私は暴力の行われることさえ恐れていた。 殺された警官は大層人望があった。 その親戚は必ず見物人のなかにいるだろう。 それに熊本の群衆は穏やかとは言いがたい。 私はたくさんの警官が警戒に当たっていることと思った。 しかし、 私の想像は間違っていた。 汽車は忙しさと騒がしさの、 いつもの光景のうちに止まった。 私たちが改札の外で五分ほど待っていると、 警部によって改札口から押されて、 罪人が出てきた。

[3] 위의 문장을 읽고 번역을 합시다.

....

....

....

....

....

....

....

....

....

....

....

....

....

[4] 한국어로 번역된 문장을 보면서 1/3의 일본어 원문을 들어봅시다.

[1] 아래 일본어 단어의 의미를 새기면서 읽어봅시다.

- 人々사람들 ・前に出る앞에 나오다 ・大声で叫ぶ큰소리로 외치다 ・杉原성

- 背中등 ・子供を背負う아이를 업다 ・ほっそりした小さい女가냘프고 자그마한 여자

- 人ごみ수많은 사람 ・押し分ける밀어젖히다, 헤집다 ・息子아들 ・合図신호, 사인

- 群衆군중 ・引き下がる물러나다 ・子供を連れた女아이를 데리고 온 여자

- 殺人犯살인범 ・面して立つ마주해서 서다 ・静けさ정숙함, 조용함, 고요함

- 向かう향하다 ・低い声で낮은 소리로 ・はっきりする또렷하다 ・一言一句일언일구

- 坊ちゃん도련님 ・お腹배 ・可愛がる귀여워하다 ・仕業짓, 소행 ・ご覧なさい보십

시오 ・怖がる무서워하다 ・務め임무, 업무

[2] 아래 본문의 한자 단어에 주목하면서 문장을 들어봅시다. (02:39~04:42)

　すると、人々は前に出て罪人を見ようとした。その時警部は大声で叫んだ。「杉原さん、杉原おきびさん。来ていますか」すると背中に子供を背負って私のそばに立っていたほっそりした小さい女が「はい」と答えて人ごみの中を押し分けて進んだ。これが殺された人の妻であった。背負っている子供はその人の息子である。警部の手の合図で群衆は引き下がって、場所を開けた。その場所に子供を連れた女が殺人犯と面して立った。その静けさは死の静けさであった。警部はその女にではなく、ただ子供にだけ向かって話した。低い声であったが、大層はっきりしていたので私は一言一句を聞くことができた。「坊ちゃん、これが四年前にお父さんを殺した男です。あなたはまだ生まれていなかった。あなたはお母さんのお腹にいました。いま、あなたを可愛がってくれるお父さんがいないのはこの人の仕業です。ご覧なさい。よくご覧なさい。坊ちゃん。怖がることはない。いやでしょうが、あなたの務めです。よくご覧なさい」

[3] 위의 문장을 읽고 번역을 합시다.

....

....

....

....

....

....

....

....

....

....

....

....

....

[4] 한국어로 번역된 문장을 보면서 2/3의 일본어 원문을 들어봅시다.

[1] 아래 일본어 단어의 의미를 새기면서 읽어봅시다.

●母親の肩越しに 모친의 어깨너머로 ●目を開く 눈을 뜨다 ●恐れる 두려워하다

●見つめる 주시하다 ●すすり泣き 흐느껴 우는 것 ●真直ぐに 곧바로 ●じっと 지긋이

●見抜く 끝까지 보다 ●群衆の息 군중의 숨결 ●罪人の顔が歪む 죄수의 얼굴이 일그러지다 ●突然 갑자기 ●倒れる 쓰러지다 ●跪く 무릎을 꿇다 ●震わせる 震う의 사역형

●悔恨の情 회한의 정 ●しゃがれ声で叫ぶ 쉰 목소리로 외치다 ●砂 모래

●顔を打ちつける 얼굴을 쳐 박다 ●ご免なさい 죄송합니다 ●恨み 원한

●逃げ出す 도망치다 ●恐ろしい 두렵다 ●喜んで死にます 기꺼이 죽겠습니다

●哀れんでください 불쌍히 여겨주십시오 ●堪忍してください 용서해 주십시오

●黙る 잠자코 있음 ●震える 떨다 ●罪人を引き起こす 죄인을 일으켜 세우다

●沈黙 침묵 ●通す 통과시키다 ●左右へ分かれる 좌우로 나뉘다 ●恐らく 아마, 필시

●再び 두 번 다시 ●涙 눈물 ●退散 퇴산, 흩어짐 ●光景 광경 ●不思議な教訓 오묘한 교훈

●結果 결과 ●悲痛 비통 ●示す 나타내다 ●知らしめる 알리다 ●容赦 용서, 사정을 보아 줌

●同情 동정 ●正義 정의 ●許しを乞う 용서를 구하다 ●後悔の念 후회의 념 ●きわめて

●東洋的 지극히 동양적 ●最も重要な事実 가장 중요한 사실 ●親心 부모의 마음

●魂 영혼 ●潜在的愛情に訴える 잠재적 애정에 호소하다 ●後悔を促す 후회를 재촉하다

　母親の肩越しに男の子は目を開いて恐れるように見つめた。それからすすり泣きを始めた。しかし、真直ぐにじっと見て見て見抜いた。群衆の息は止まったようであった。私は罪人の顔が歪むのを見た。罪人が突然倒れて跪き、聞いている人の心を震わせるような、悔恨の情極まったしゃがれ声で叫びながら、砂に顔を打ちつけるのを見た。「クッククク、クッ。ご免なさい。ご免なさい。坊ちゃん。許してください。フウー、こんなことしたのは恨みがあってしたのではありません。逃げ出すのに、恐ろしくてしてしまったのです。大変悪うございました。どうも申し訳のないことをしました。私は、私は罪のために死にます。死にたいのです。喜んで死にます。だから、だから坊ちゃん。哀れんでください。堪忍してください。クッウウウ、クッウウウ」

　子供はやはり黙って泣いた。警部は震えている罪人を引き起こした。沈黙の群衆はそれを通すために左右へ分かれた。それから全く突然、群衆はすすり泣きを始めた。そして私は今まで一度も見たこともないもの、恐らく再び見ることもないもの、すなわち日本の警官の涙を見た。群衆は退散した。私はこの光景の不思議な教訓を考えながら残っていた。ここには罪の最も簡単な結果を悲痛に示すことによって罪を知らしめた、容赦のない、また同情ある正義があった。ここには死を前に、ただただ許しを乞う後悔の念があった。しかし、このお話しのなかできわめて東洋的であるからこそ、最も重要な事実は罪人の親心。どの日本人の魂にもある、子供に対する潜在的愛情に訴えて、後悔を促したことであった。＜終り＞

[3] 위의 문장을 읽고 번역을 합시다.

[4] 한국어로 번역된 문장을 보면서 3/3의 일본어 원문을 들어봅시다.

[5] 전체 문장을 의미를 되새기면서 들어봅시다.

　明治二十六年六月七日。昨日、福岡から電報でそこで捕えられた重罪犯人が今日裁判のために、正午着の汽車で熊本に送られることを知らせてきた。熊本の警官がその罪人護送のために、福岡へ出張していたのだ。四年前、一人の強盗が相撲町のある家に押し入って家人を脅して縛り、貴重品を奪った。警官に追跡されたその強盗は、二十四時間以内に盗品をさばく間もなく捕えられた。しかし、警察署へ送られる途中、鎖を切って警官の剣を奪ってその人を殺して逃げた。そして先週まで、それ以上、強盗の行方は全く分からなかった。それから熊本の警官がたまたま福岡の監獄を見に行って、彼の頭脳に四年間焼き付けていた顔を見つけたのであった。

　私は停車場への到着を目撃するために大勢の人々と一緒に行った。私は憤怒を聞き、また見る覚悟をしていた。私は暴力の行われることさえ恐れていた。殺された警官は大層人望があった。その親戚は必ず見物人のなかにいるだろう。それに熊本の群衆は穏やかとは言いがたい。私はたくさんの警官が警戒に当たっていることと思った。しかし、私の想像は間違っていた。汽車は忙しさと騒がしさの、いつもの光景のうちに止まった。私たちが改札の外で五分ほど待っていると、警部によって改札口から押されて、罪人が出てきた。

　すると、人々は前に出て罪人を見ようとした。その時警部は大声で叫んだ。「杉原さん、杉原おきびさん。来ていますか」すると背中に子供を背負って私のそばに立っていたほっそりした小さい女が「はい」と答えて人ごみの中を押し分けて進んだ。これが殺された人の妻であった。背負っている子

供はその人の息子である。警部の手の合図で群衆は引き下がって、場所を開けた。その場所に子供を連れた女が殺人犯と面して立った。その静けさは死の静けさであった。警部はその女にではなく、ただ子供にだけ向かって話した。低い声であったが、大層はっきりしていたので私は一言一句を聞くことができた。「坊ちゃん、これが四年前にお父さんを殺した男です。あなたはまだ生まれていなかった。あなたはお母さんのお腹にいました。いま、あなたを可愛がってくれるお父さんがいないのはこの人の仕業です。ご覧なさい。よくご覧なさい。坊ちゃん。怖がることはない。いやでしょうが、あなたの務めです。よくご覧なさい」

母親の肩越しに男の子は目を開いて恐れるように見つめた。それからすすり泣きを始めた。しかし、真直ぐにじっと見て見て見抜いた。群衆の息は止まったようであった。私は罪人の顔が歪むのを見た。罪人が突然倒れて跪き、聞いている人の心を震わせるような、悔恨の情極まったしゃがれ声で叫びながら、砂に顔を打ちつけるのを見た。「クックククク、クッ。ご免なさい。ご免なさい。坊ちゃん。許してください。フウー、こんなことしたのは恨みがあってしたのではありません。逃げ出すのに、恐ろしくてしてしまったのです。大変悪うございました。どうも申し訳のないことをしました。私は、私は罪のために死にます。死にたいのです。喜んで死にます。だから、だから坊ちゃん。哀れんでください。堪忍してください。クッウウウ、クッウウウ」

子供はやはり黙って泣いた。警部は震えている罪人を引き起こした。沈黙の

群衆はそれを通すために左右へ分かれた。それから全く突然、群衆はすすり泣きを始めた。そして私は今まで一度も見たこともないもの、恐らく再び見ることもないもの、すなわち日本の警官の涙を見た。群衆は退散した。私はこの光景の不思議な教訓を考えながら残っていた。ここには罪の最も簡単な結果を悲痛に示すことによって罪を知らしめた、容赦のない、また同情ある正義があった。ここには死を前に、ただただ許しを乞う後悔の念があった。しかし、このお話しのなかできわめて東洋的であるからこそ、最も重要な事実は罪人の親心。どの日本人の魂にもある、子供に対する潜在的愛情に訴えて、後悔を促したことであった。<終り>

[6] 아래의 일본어 질문에 일본어로 대답합시다.

　① 福岡から電報が届いたのは、いつでしたか。

　...

　② 電報の内容は、何でしたか。

　...

　③ 警官に追跡された強盗は、盗品をさばくことができましたか。

　...

　④ その強盗は、警察へ送られる途中、何をしましたか。

　...

　⑤ 殺された警官は、人望がありましたか。

　...

⑥ 殺された警官の奥さんの名前は何でしたか。

....

⑦ 殺された警官の奥さんは、誰と一緒でしたか。

....

⑧ 警官を殺した犯人は、殺された警官の家族に何と言いましたか。

....

⑨ この話を聞いて、何を感じましたか。

....

[7] 아래의 일본어 문장을 읽고 본문 내용과 일치하는 것에는 ○를, 일치하지 않는 것에는 ×를 기입하세요.

① 明治二十七年六月七日。昨日、福岡から電報でそこで捕えられた重罪犯人は今日裁判のために、正午着の汽車で熊本に送られることを知らせてきた。　　　　　　　　　　　　　　　　　　　　　　（　　　）

② 四年前、一人の泥棒が相撲町のある家に押し入って家人を脅して縛り、貴重品を奪った。　　　　　　　　　　　　　　　　　　（　　　）

③ 警官に追跡されたその強盗は、二十四時間以内に盗品をさばく間もなく捕えられた。　　　　　　　　　　　　　　　　　　　（　　　）

④ それから山本の警官がたまたま福岡の監獄を見に行って、彼の頭脳に四年間焼き付けていた顔を見つけたのであった。　　　　（　　　）

⑤ 私は暴力の行われることさえ恐れていた。殺された警官は大層人望があった。　　　　　　　　　　　　　　　　　　　　　（　　　）

⑥ 私たちが改札の外で十分ほど待っていると、警部によって改札口から押されて、罪人が出てきた。　　　　　　　　　　　　　　　（　　　）

⑦ 私は罪人の顔が歪むのを見た。罪人が突然倒れて跪き、聞いている人の心を震わせるような、悔恨の情極まったしゃがれ声で叫びながら、土に顔を打ちつけるのを見た。　　　　　　　　　　　　　　　　　　（　　　）

⑧ フウー、こんなことしたのは悩みがあってしたのではありません。
　　　　　　　　　　　　　　　　　　　　　　　　　　　（　　　）

⑨ そして私は今まで一度も見たこともないもの、恐らく再び見ることもないもの、すなわち日本の警官の顔を見た。　　　　　　　　（　　　）

⑩ どの日本人の魂にもある、子供に対する潜在的愛情に訴えて、後悔を促したことであった。　　　　　　　　　　　　　　　　　　（　　　）

Unit 8

げかしつ
外科室(1895年)

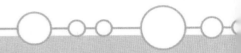

いずみきょうか
泉鏡花　作(1873年〜1939年)・きくドラ　脚色

【key words】

こいしがわ　しょくぶつえん　きぞく　ひがさ
小石川の植物園、貴族、日傘

🎧 들리는 단어를 히라가나나 한자로 적어봅시다.

_____

_____

_____

_____

_____

_____

_____

_____

_____

_____

_____

[1] 아래 일본어 단어의 의미를 새기면서 읽어봅시다.

• 本日오늘, 금일 • メスを取る 메스를 잡다(수술을 하다) • 外科課長 외과과장

• 高嶺 성씨 • 貴船 성씨 • 伯爵夫人 백작부인 • どうぞお体を楽に 어서 마음을 편히 하

십시오 • 外科室 외과실 • 泉鏡花 소설가 이름 • 好奇心 호기심 • 親友 친구 • 医師 의사

• 許しを得る 허락을 얻다 • 手術 수술 • 見学 견학 • 世に聞こえた名医 세상이 알아주

는 명의 • 患者 환자 • 貴族 귀족 • 姿 모습 • か弱げ 가냘프다 • 気高い 기품이 있다

• 清い 맑다 • 貴い 고귀하다 • 麗しい 아름답다 • 慄然とする 소름이 끼치다, 섬뜩하다

• 寒さすら 추위조차 • 今まさに手術が始まる 이제 막 수술이 시작되다

• 手術台の夫人 수술대 위의 부인 • 奇妙なことを口にする 기묘한 말을 입에 담다

• 手術が済む 수술이 끝나다 • ちょっとの間 잠시 동안 • 麻酔 마취 • 眠り薬 잠자는 약

• 治療 치료 • お嫌いあそばす 싫어하시다 • ちっとも 조금도 • うとうとあそばす 꾸

벅꾸벅 졸으시다 • うわ言を申す 헛소리를 하다 • 恐ろしい 두렵다 • お胸を切る 가

슴을 가르다 • 危険 위험 • 動きやしないから 움직이지는 않을테니 • 爪を切る 손톱

을 자르다 • いくら高嶺さまでも 아무리 다카미네님이라도 • 肉を削ぐ 살을 베다

• 骨を削る 뼈를 깎다

[2] 아래 본문의 한자 단어에 주목하면서 문장을 들어봅시다. (~03:10)

「本日、メスを取る、外科課長の高嶺です。貴船伯爵夫人、どうぞお体を楽に」「あなたが外科課長? はあ、どうぞ。よしなに」「ご安心ください。伯爵夫人」 ＜外科室＞ 泉鏡花

私は好奇心から親友の医師、高峰の許しを得て、ある手術を見学させてもらっていた。高嶺は世に聞こえた名医である。患者は貴族で、貴船伯爵夫人と言った。その姿はか弱げで気高く、清く、貴く、そして麗しい。私は一目見て慄然とし、寒さすら感じてしまった。そして今まさに手術が始まるというその時、手術台の夫人が奇妙なことを口にした。

「それではよろしゅうございますか。手術の済みますまでちょっとの間、麻酔でお眠りいただきます」「麻酔? 眠り薬をかい? いや、いやよ。よしましょう」「あ、でもそれでは奥様。お治療ができません」「なら、それでもいいわ。眠るのはいや」「なぜそんなにお嫌いあそばすのです? ちっともいやなものじゃございませんよ。うとうとあそばすと、すぐ済んでしまいます」「私にはねえ、心に一つ秘密がある。眠り薬はうわ言を申すというから、それを口にしないか、恐ろしいのだよ」「何もうわ言を言うと決まったわけでは?」「いいえ、このくらい思っていれば、きっと言うに違いありません」

「ですが、奥様。お胸を切りますので、お動きあそばしちゃ危険でございます」「何? 私はじっとしている。動きやしないから。このまま、切っておくれ」「そんな爪をお切りあそばすのと違います」「メスを取るのは、外科課長なのだろう?」「いくら高嶺さまでも痛くなくお切り申すことはできません。肉を削いで骨を削るのですよ」

[3] 위의 문장을 읽고 번역을 합시다.

....

....

....

....

....

....

....

....

....

....

....

....

....

....

[4] 한국어로 번역된 문장을 보면서 1/3의 일본어 원문을 들어봅시다.

[1] 아래 일본어 단어의 의미를 새기면서 읽어봅시다.

•断固として 단호하게 •麻酔を受け入れない 마취를 거부하다 •やんごとなき 고어

풍의 말) 더할 나위 없는, 고귀한, 존귀한 •身分 신분 •方 분 •威厳 위엄 •一同 일동

•等しい 같다, 한결같다 •声を呑む 말문이 막히다 •寂然 고요하고 음울한 모양

•関羽雲長 한우운장 •仕方がない 하는 수 없다 •責任をもつ 책임을 지다 •手術 수술

•しっかり押さえる 단단히 누르다 •それには及びません 그렇게는 못 합니다

•言うが早く 말하기 무섭게 •夫人の胸をかき開ける 부인의 가슴을 갈라 열다

•挙動 동작 •神速 신속(매우 빠름) •血潮 몸속의 피 •つと 갑자기 •白衣を染める 흰 가

운을 물들이다 •にもかかわらず 에도 불구하고 •両手 양손 •肩に組む 어깨에 꼬으다

•足の指すら 발가락조차 •メスが骨に達する 메스가 뼈에 도달하다 •痛む 아프다

•そっと手を添える 살짝 손을 대다 •看護婦 간호사 •自らの乳の下 자신의 가슴 아래

•深くかき切る 깊숙이 과감하게 베다 •満足そうに 만족스러운 듯이 •あどけない

천진스럽다 •微笑を浮かべる 미소를 띄우다 •手を離す 손을 떨치다 •バッタリと

푹, 갑자기 상태가 변화하는 모양 •枕 베게 •伏す 엎드리다 •唇 입술 •生気がなくな

る 생기가 없어지다 •一度 한 번 •声 목소리 •息 숨(결) •姿 모습 •周り 주위

•天なく, 地なく, 社会なく 하늘도 없고, 땅도 없고, 사회도 없고 •存在 존재

[2] 아래 본문의 한자 단어에 주목하면서 문장을 들어봅시다. (03:11~07:18)

　夫人は断固として麻酔を受け入れない。しかし、さすがやんごとなき身分の方である。その威厳に一同、等しく声を呑み、寂然としてしまった。
「伯爵夫人。あなたさまはまるで関羽雲長ですね。では仕方がありません。私が責任をもってこのまま手術致しましょう。さあ君、メスを…」「高嶺先生、よろしいのですか」「君たち、夫人をしっかりお押さえ申すのだよ」「なあに? それには及びません。どうぞお切りください」「では」言うが早く、高嶺のメスはすでに夫人の胸をかき開けていた。その挙動まさに神速、だが夫人の白い胸からは赤い血潮がつと流れ、白衣を染めていった。にもかかわらず、夫人は両手を肩に組み、足の指すら動かさない。その目はただ高嶺をじっと見つめたままである。そして、ついにメスが骨に達しようとしたその時、「ああ」「夫人、痛みますか」「いいえ、あなただから、あなただから…」「夫人」「でも、でもあなたは、あなたは…」そう言うと夫人は、高嶺のもったメスにそっと手を添えた。

　「あなたは、私を、私を知りますまい」「ああっ、奥様!何を…」切なる看護婦の言うが早く夫人はメスで、自らの乳の下を深くかき切ってしまった。「夫人。貴船夫人。はああ、何と言う。忘れません。忘れてなどおりません」夫人はそれを聞くと、それはそれは嬉しそうに、そして満足そうにあどけない微笑を浮かべた。そして高嶺の手を離し、バッタリと枕に伏したかと思うと、唇にはもう生気がなくなっていた。「忘れておりません。あの日のこと、一度も一度たりとも」その声、その息、その姿。その時二人の周りには天なく、地なく、社会なく、全く誰一人として存在していないようだった。

[3] 위의 문장을 읽고 번역을 합시다.

....

....

....

....

....

....

....

....

....

....

....

....

....

[4] 한국어로 번역된 문장을 보면서 2/3의 일본어 원문을 들어봅시다.

[1] 아래 일본어 단어의 의미를 새기면서 읽어봅시다.

• 数える 숫자를 세다 • 医科大学 의과대학 • 小石川 지명 • 植物園 식물원 • 散策 산책

• つつじ 진달래, 철쭉 • 池に沿う 연못을 따라가다 • 向こう側 맞은편 • 身分貴き貴族

の一行 신분이 고귀한 귀족 일행 • 前後 앞뒤 • 髭を蓄える 수염을 기르다

• 御者 마부 • まるで 마치 • 雲上の天女のごとき女性 구름 위의 선녀 같은 여성

• 日傘をかざす 양산을 쓰다 • 裾 옷자락, 옷깃 • 冴え冴えと 청명하게, 말끔하게

• 霞 안개 • 練り歩く 천천히 걷다, 누비고 다니다 • 眩しさ 눈부심 • 思わず うなだれ

る 무심코 고개를 떨어뜨리다, 떨구다 • 稲光に打たれる 벼락에 맞다 • 殿方 남자분, 신

사분 • 見つめる 주시하다, 뚫어지게 바라보다 • 一行 일행 • 去る 사라지다, 떠나가다

• 振り返る 뒤돌아보다 • 感じ入る 감동하다, 감격하다 • 面持ち 표정, 안색 • 真の美 진

정한 아름다움 • 人を動かす 사람을 움직이다 • 君も気をつけたまえ 자네도 조심하

게나 • 女性 여성 • 語る(言う-話す-しゃべる) 언급하다 • 地位 지위 • 妻があってしか

るべき年齢 아내가 마땅히 있어야 할 나이 • 決して 결코 • 女性を近づける 여성을

가까이 하다 • たった一度 단 한번 • 一瞬の邂逅 일순간의 해후(만남)

• 命を絶つ 목숨을 끊다 • 自ら命を絶つ 스스로 목숨을 끊다 • 天におわす神々 하늘

에 계신 신들 • 名高き宗教家 유명한 종교가 • 行い 행위, 행실 • 罪悪 죄악

• 彼らの魂 그들의 영혼 • 天に行く 하늘로 가다 • 多くを語るまい 많은 말을 하지 않

겠다, まい 부정 추측(하지 않을 것이다), 부정 의지(하지 않겠다)

[2] 아래의 본문의 한자 단어에 주목하면서 문장을 들어봅시다. (07:19~11:34)

数えれば、それは九年前、高峰がまだ医科大学の学生だった頃、私と彼は小石川の植物園へ散策に行っていた。「やあ、つつじが美しいね」美しかったが、つつじはただ赤いだけである。そしてわれわれが池に沿って歩いていると、向こう側から身分貴き貴族の一行がやってきた。前後には髭を蓄えた御者、その中心には、まるで雲上の天女のごとき女性、彼女は日傘を深くかざし、裾を冴え冴えとさばきながら、霞に乗るように練り歩いている。私はその眩しさに思わずうなだれた。だが、高嶺はまるで稲光に打たれたように動かない。「これがまことの美」「あの殿方も、私を見つめてらっしゃる」貴族の一行は去っていった。高嶺は私の方に振り返ると、感じ入った面持ちで言った。「ねえ、見たかい。あのご婦人を…。私はどうやら、もうフッフフ、フッフフ、アア、真の美が人を動かすこと、かくのごとしだ。君も気をつけたまえ」

　あれは九年前のことだ。あれから一度も高嶺はその女性のことを語ったことがない。彼は地位を終え、妻があってしかるべき年齢になっても決して女性を近づけなかった。たった一度の、あの一瞬の邂逅以来。

　貴船夫人が命を絶ったその日、高嶺もまた自ら命を絶った。「ああ、天におわす神々よ。そして名高き宗教家たちよ。彼ら二人の行いは罪悪であろうか。彼らの魂は天に行くことができるのだろうか。私は多くを語るまい。

<終り>

[3] 위의 문장을 읽고 번역을 합시다.

[4] 한국어로 번역된 문장을 보면서 3/3의 일본어 원문을 들어봅시다.

「本日、メスを取る、外科課長の高嶺です。貴船伯爵夫人、どうぞお体を楽に」「あなたが外科課長? はあ、どうぞ。よしなに」「ご安心ください。伯爵夫人」 <外科室> 泉鏡花

　私は好奇心から親友の医師、高峰の許しを得て、ある手術を見学させてもらっていた。高嶺は世に聞こえた名医である。患者は貴族で、貴船伯爵夫人と言った。その姿はか弱げで気高く、清く、貴く、そして麗しい。私は一目見て慄然とし、寒さすら感じてしまった。そして今まさに手術が始まるというその時、手術台の夫人が奇妙なことを口にした。

　「それではよろしゅうございますか。手術の済みますまでちょっとの間、麻酔でお眠りいただきます」「麻酔? 眠り薬をかい? いや、いやよ。よしましょう」「あ、でもそれでは奥様。お治療ができません」「なら、それでもいいわ。眠るのはいや」「なぜそんなにお嫌いあそばすのです? ちっともいやなものじゃございませんよ。うとうとあそばすと、すぐ済んでしまいます」「私にはねえ、心に一つ秘密がある。眠り薬はうわ言を申すというから、それを口にしないか、恐ろしいのだよ」「何もうわ言を言うと決まったわけでは?」「いいえ、このくらい思っていれば、きっと言うに違いありません」

　「ですが、奥様。お胸を切りますので、お動きあそばしちゃ危険でございます」「何? 私はじっとしている。動きやしないから。このまま、切っておくれ」「そんな爪をお切りあそばすのと違います」「メスを取るのは、外科課長なのだろう?」「いくら高嶺さまでも痛くなくお切り申すことはできませ

ん。肉を削いで骨を削るのですよ」

　夫人は断固として麻酔を受け入れない。しかし、さすがやんごとなき身分の方である。その威厳に一同、等しく声を呑み、寂然としてしまった。「伯爵夫人。あなたさまはまるで関羽雲長ですね。では仕方がありません。私が責任をもってこのまま手術致しましょう。さあ君、メスを…」「高嶺先生、よろしいのですか」「君たち、夫人をしっかりお押さえ申すのだよ」「なあに? それには及びません。どうぞお切りください」「では」言うが早く、高嶺のメスはすでに夫人の胸をかき開けていた。その挙動まさに神速、だが夫人の白い胸からは赤い血潮がつと流れ、白衣を染めていった。にもかかわらず、夫人は両手を肩に組み、足の指すら動かさない。その目はただ高嶺をじっと見つめたままである。そして、ついにメスが骨に達しようとしたその時、「ああ」「夫人、痛みますか」「いいえ、あなただから、あなただから…」「夫人」「でも、でもあなたは、あなたは…」そう言うと夫人は、高嶺のもったメスにそっと手を添えた。

　「あなたは、私を、私を知りますまい」「ああっ、奥様! 何を…」切な看護婦の言うが早く夫人はメスで、自らの乳の下を深くかき切ってしまった。「夫人。貴船夫人。はああ、何と言う。忘れません。忘れてなどおりません」夫人はそれを聞くと、それはそれは嬉しそうに、そして満足そうにあどけない微笑を浮かべた。そして高嶺の手を離し、バッタリと枕に伏したかと思うと、唇にはもう生気がなくなっていた。「忘れておりません。あの日のこと、一度も一度たりとも」その声、その息、その姿。その時二人の周りには

天なく、地なく、社会なく、全く誰一人として存在していないようだった。

　数えれば、それは九年前、高峰がまだ医科大学の学生だった頃、私と彼は小石川の植物園へ散策に行っていた。「やあ、つつじが美しいね」美しかったが、つつじはただ赤いだけである。そしてわれわれが池に沿って歩いていると、向こう側から身分貴き貴族の一行がやってきた。前後には髭を蓄えた御者、その中心には、まるで雲上の天女のごとき女性、彼女は日傘を深くかざし、裾を冴え冴えとさばきながら、霞に乗るように練り歩いている。私はその眩しさに思わずうなだれた。だが高嶺は、まるで稲光に打たれたように動かない。「これがまことの美」「あの殿方も、私を見つめてらっしゃる」貴族の一行は去っていった。高嶺は私の方に振り返ると、感じ入った面持ちで言った。「ねえ、見たかい。あのご婦人を…。私はどうやら、もうフッフフ、フッフフ、アア、真の美が人を動かすこと、かくのごとしだ。君も気をつけたまえ」

　あれは九年前のことだ。あれから一度も高嶺はその女性のことを語ったことがない。彼は地位を終え、妻があってしかるべき年齢になっても決して女性を近づけなかった。たった一度の、あの一瞬の邂逅以来。

　貴船夫人が命を絶ったその日、高嶺もまた自ら命を絶った。「ああ、天におわす神々よ。そして名高き宗教家たちよ。彼ら二人の行いは罪悪であろうか。彼らの魂は天に行くことができるのだろうか。私は多くを語るまい」

<終り>

[6] 아래의 일본어 질문에 일본어로 대답합시다.

① 外科科長の名前(名字)は、何でしたか。

....

② 手術を受ける患者は、どんな人でしたか。

....

③ 手術台でその患者は、何と言いましたか。

....

④ 手術台で患者は、どうして麻酔を断りましたか。

....

⑤ 高峰が小石川の植物園へ散策に行ったのは、何年前でしたか。

....

⑥ 二人が池に沿って歩いていると、向こうからどんな人たちが歩いてきま

　　した。

....

⑦ 一行の中心には、どんな女性がどのように歩いていましたか。

....

⑧ 高嶺は、手術後どうなりましたか。

....

⑨ この話を聞いて、何を感じましたか。

....

① 本日、メスを取る、内科課長の高嶺です。貴船伯爵夫人、どうぞお体を
  楽に。   （   ）

② 私は好奇心から友達の医師高峰の許しを得て、ある手術を見学させても
  らっていた。   （   ）

③ 高嶺は世に聞こえた名医である。患者は貴族で、貴船伯爵夫人と言っ
  た。   （   ）

④ その姿はか弱げで、気高く、清く、貴く、そして麗しい。私は一目見
  て慄然とし、冷たさすら感じてしまった。   （   ）

⑤ 手術の済みますまでちょっとの間、麻酔でお眠りいただきます。

                                                        （   ）

⑥ その挙動まさに神速、だが夫人の白いお腹からは赤い血潮がつと流れ、
  白衣を染めていった。   （   ）

⑦ 切な看護婦の言うが早く夫人はメスで、自らの胸の下を深くかき切って
  しまった。   （   ）

⑧ 夫人はそれを聞くと、それはそれは嬉しそうに、そして満足そうにあど
  けない微笑を浮かべた。   （   ）

⑨ その時二人の周りには天なく、地なく、社会なく全く誰一人として存在
  していないようだった。   （   ）

⑩ 数えれば、それは10年前、高峰がまだ医科大学の学生だった頃、私と彼
  は小石川の植物園へ散策に行っていた。   （   ）

⑪ 前後には髭を蓄えた御者、その中心には、まるで雲上の天女のごとき女
性、彼女は傘を深くかざし、裾を冴え冴えとさばきながら霞に乗るよ
うに練り歩いている。   (   )

Unit 9

とうろう
燈籠(1937年)

たざいおさむ
太宰治 作(1909年～1948年)・きくドラ 脚色

【key words】

下駄屋、交番
_{げたや} _{こうばん}

들리는 단어를 히라가나나 한자로 적어봅시다.

[1] 아래 일본어 단어의 의미를 새기면서 읽어봅시다.

- 盗みをする도둑질을 하다 ・灯籠등롱 ・太宰治소설가 이름 ・散歩する산책하다

- 楽しい즐겁다 ・水野성씨 ・五つも年下다섯 살이나 연하 ・商業学校상업학교

- 生徒학생 ・一目で한눈에 ・殿方남자분, 여자가 남자를 가리키는 높임말 ・性質성질

- 下駄屋신발가게, 게타가게 ・とうとう마침내 ・男狂い남자에 미침 ・近所근처

- 指を指す손가락을 가리키다 ・遠いおとぎ話먼 동화 ・尊い고귀하다 ・孤児고아

- 親身친절함 ・元바탕, 원래 ・裕福な生まれ유복한 태생 ・両親양친 ・早くに일찍

- 遠い親戚먼 친척 ・引き取る떠맡아 곁에 두다 ・今度이번 ・男友だち남자친구들

- 海に行く바다에 가다 ・約束약속 ・気が進む마음이 내키다 ・さみしい쓸쓸하다, 외롭다

- もしかしたら어쩌면 ・水着수영복 ・ずいぶん몹시, 꽤 ・わびしい외롭다, 초라하다

- 暮らしを送る생활을 보내다 ・可哀想だ가련하다, 불쌍하다 ・大丸백화점명

- 水着を盗む수영복을 훔치다 ・泥棒도둑 ・交番파출소 ・連れていかれる데려가지

다, 끌려가다 ・周り주위 ・山のように人が集まる구름처럼 사람이 모이다

「私は盗みをしました」 ＜灯籠＞ 太宰治

「僕はあなたと一緒に散歩している時だけが楽しいのです」水野さんは私より五つも年下の商業学校の生徒です。私は一目で殿方を好きになってしまう性質でございます。

「下駄屋のさき子、とうとう男狂いが始まったぞ」近所の人たちが指を指して笑っていたのも分かっていました。ですが、水野さんのお顔は遠いおとぎ話のような美しく尊いものだったのです。「僕は孤児なのです。誰も親身になってくれる人がいません」水野さんは元は裕福な生まれだったそうなのですが、ご両親が早くに亡くなられ、遠い親戚に引き取られたそうでございます。「今度男友だちと海に行く約束をしました。あまり気が進みませんがね」そう、さみしそうなお顔でおっしゃいました。

もしかしたら、水野さんは水着をお持ちでないのかもしれません。というのも水野さんはずいぶんわびしい暮らしを送っていられるそうなのです。「さて、どうしたものでしょう」とてもお可哀想に見えました。そしてその夜、私は盗みを致しました。水野さんのために大丸で水着を盗んだのでございます。「泥棒、この女やったぞ」私は交番に連れていかれました。周りには山のように人が集まっています。

[3] 위의 문장을 읽고 번역을 합시다.

....

....

....

....

....

....

....

....

....

....

....

....

....

....

[4] 한국어로 번역된 문장을 보면서 1/3의 일본어 원문을 들어봅시다.

[1] 아래 일본어 단어의 의미를 새기면서 읽어봅시다.

• 取り調べる 취조하다 • 色白 피부가 흼 • 若い 젊다 • お巡りさん 순경, 경찰 • 名前 이름

• 住所 주소 • 年齢 연령 • ふと 문득 • 顔を見つめる 얼굴을 뚫어지게 바라보다

• 急に 갑자기 • ニヤニヤ笑い出す 히죽히죽 웃기 시작하다 • お嬢さん 따님, 아가씨

• 今度 이번 • 寒気を覚える 한기를 느끼다 • まごまごする 우물쭈물하다, 갈팡질팡하다

• 牢屋へ入れる 감옥에 넣다 • 重い罪を負う 무거운 죄를 지다 • 言い逃れる 말로 빠져

나가다 • やっと出た言葉 겨우 나온 말 • 自分ながら 자신을 멸시하듯 하는 표현(비

록 나이지만) • 無様 꼴사나움, 보기 흉함 • なんだか 왠지 • 狂う 미치다 • 入れてはい

けません 넣어서는 안 됩니다 • 親孝行を致す 효도를 하다 • 仕える 모시다, 섬기다

• 立派な方 훌륭한 분 • 今に 조만간, 얼마 안 가 • きっと 틀림없이 • 恥をかかせる 체

면을 잃게 하다, 욕을 보이다 • 上品な生まれ 고귀한 태생 • 他の人とは違う 다른 사

람과 다르다 • 牢 감옥 • 弱い両親 몸이 약한 양친 • 一生懸命に 열심히 • いたがる 아

파하다 • それなのに 그런데도, 그럼에도 불구하고 • たった一度 단 한번 • ふと間違っ

て手を動かす 그만 잘 못 손을 움직이다 • 私の一生をめちゃめちゃにする 나의 일

생을 엉망진창으로 만들다 • あんまりです 너무 합니다 • ほんの二三分の事件 아주

사소한 사건 • 命 목숨 • 迷惑がかかる 민폐를 당하다 • 人を騙す 사람을 속이다

• 搾り取る 착취하다, 짜내다 • 褒める 칭찬하다 • 一体誰 도대체 누구 • 他人を騙す 타

인을 속이다 • 正直な方 정직한 분 • おかしい 이상하다 • 馬鹿馬鹿しい 어처구니없다,

어이없다 •青い顔をする 새파랗게 질린 얼굴을 하다 •私を見つめる 나를 뚫어지게

바라보다 •どうやら 아무래도, 어쩐지 •精神病の扱いを受ける 정신병 취급을 받다

[2] 아래 본문의 한자 단어에 주목하면서 문장을 들어봅시다. (02:16~05:03)

私を取り調べたのは色白のまだ若いお巡りさんでした。「名前と住所、年齢は?」こんな時なのに、私はふとそのお巡りさんを好きに思いました。しかし、お巡りさんは私の顔を見つめると急にニヤニヤ笑い出しました。「それでお嬢さん今度で何回目なの?」ぞっと寒気を覚えました。まごまごしていたら牢屋へ入れられる、重い罪を負わされる、何とかしてうまく言い逃れなければ…。ですが、やっと出た言葉は、自分ながら無様なもので、なんだか狂っていたようにも思われます。「私を牢へ入れてはいけません。私は悪くないのです。私は二十四になります。二十四年間、私は親孝行を致しました。父と母に大事に大事に仕えてきました。何が悪いのです。水野さんは立派な方です。今にきっと偉くなるお方です。私はあのお方に恥をかかせたくなかっただけです。それがなぜ悪いことなのです。あの方は上品な生まれなのです。他の人とは違うのです。私を牢に入れてはいけません。私は今まで何一つ悪いことをしなかった。弱い両親を一生懸命いたがって参りました。それなのにたった一度、ふと間違って手を動かしてしまった。ただそれだけのことで私の一生をめちゃめちゃにするのは間違っています。あんまりです。たった一度、ほんの二三分の事件じゃないですか。私はまだ若いのです。これからの命なのです。水着一つで大丸さんにどんな迷惑がかかるので

Unit 9

시청각으로 배우는 일본어 | 185

す。人を騙して千円も二千円も搾り取って、それで褒められている人もいるじゃありませんか。牢は一体誰のためにあるのです。お金のない人ばかりが牢へ入れられています。あの人たちはきっと他人を騙すことのできない正直な方たちなのです。はあ、おかしい。おかしいじゃありませんか。馬鹿馬鹿しいことです」お巡りさんは青い顔して私を見つめていました。どうやら私は精神病の扱いを受けたようでございます。

[3] 위의 문장을 읽고 번역을 합시다.

[4] 한국어로 번역된 문장을 보면서 2/3의 일본어 원문을 들어봅시다.

[1] 아래 일본어 단어의 의미를 새기면서 읽어봅시다.

•次の日다음 날 •家に帰す집으로 돌려보내다 •大丈夫괜찮음 •殴られやしなかっ

たかい?맞거나 하지는 않았니? •近所の人たち근처 사람들 •うろうろと어정버정,

허둥지둥 •家の周りを通る집 주위를 다니다 •私の様子を覗きにくる나의 모습을

들여다보러 오다 •震える떨다 •行い행동 •大事件대사건 •やがて이윽고, 마침내

•お手紙をいただく편지를 받다 •この世이 세상 •教育が足りない교육이 부족하다

•正直な女性정직한 여성 •環境において환경에 있어서 •正しい올바르다 •学問학문

•偉い훌륭하다 •行動を慎む행동을 삼가다 •犯した罪범한 죄, 저지른 죄

•万分の一일만 분의 일 •償う보상하다, 속죄하다 •深く社会に陳謝する깊이 사회

에 감사하다 •罪を憎んで人を憎まず죄를 미워하되 사람을 미워하지 않는다

•水野三郎미즈노사부로 •燃やす불로)태우다 •相変わらず여전히 •クスクスと笑

う킥킥 웃다 •覗き込む들여다 보다 •一日一日하루하루 •一家일가 •針のむしろ바

늘방석 •責める책망하다, 괴롭히다 •電灯が暗い전등이 어둡다 •気が滅入る우울한

기분이 되다, 울적해지다 •六畳間6짜리 방죠 •電球전구 •明るいものと取り換え

る밝은 것으로 교체하다 •親子三人부모자식 셋 •明るい光の下밝은 빛 아래

•夕食をいただく저녁을 먹다 •眩しい눈부시다 •大変매우 •燥ぐ신이 나서 떠들어

대다 •お酌をする술을 따르다 •私たちの幸せ우리들의 행복 •所詮어차피

•電球を変える전구를 바꾸다 •覗くなら覗きなさい들여다 볼 테면 들여다 봐

・親子_{おやこ}부모와 자식 ・庭_{にわ}で鳴_なく虫_{むし}にも知_しらせてあげたいほどの静_{しず}かな喜_{よろこ}び마당에서 우는 벌레에게도 알려주고 싶을 정도의 조용한 기쁨 ・胸_{むね}にこみ上_あげてくる가슴에 북받쳐오다

[2] 아래 본문의 한자 단어에 주목하면서 문장을 들어봅시다. (05:04~08:12)

次_{つぎ}の日_ひ、すぐに家_{いえ}に帰_{かえ}してもらいました。「大丈夫_{だいじょうぶ}かい？殴_{なぐ}られやしなかったかい？」両親_{りょうしん}は何_{なに}も言_いいませんでした。ですが、その日_ひから、近所_{きんじょ}の人_{ひと}たちがうろうろと家_{いえ}の周_{まわ}りを通_{とお}るようになりました。みんな私_{わたし}の様子_{ようす}を覗_{のぞ}きにくるのです。私_{わたし}は震_{ふる}えました。水野_{みずの}さんのためにした行_{おこな}いがそんなに大事件_{だいじけん}だったのでしょうか。

やがて私_{わたし}は水野_{みずの}さんからお手紙_{てがみ}をいただきました。「僕_{ぼく}はこの世_よで、さき子_こさんを一番_{いちばん}信_{しん}じている人間_{にんげん}であります。たださき子_こさんには教育_{きょういく}が足_たりない。さき子_こさんは正直_{しょうじき}な女性_{じょせい}ですが、環境_{かんきょう}において正_{ただ}しくないところがあります。人間_{にんげん}は学問_{がくもん}がなければいけません。僕_{ぼく}は今_{いま}に偉_{えら}くなるでしょう。さき子_こさんも今_{いま}は行動_{こうどう}を慎_{つつし}み、犯_{おか}した罪_{つみ}の万分_{まんぶん}の一_{いち}でも償_{つぐな}い、深_{ふか}く社会_{しゃかい}に陳謝_{ちんしゃ}することです。罪_{つみ}を憎_{にく}んで人_{ひと}を憎_{にく}まず。水野三郎_{みずのさぶろう}。なおこの手紙_{てがみ}は読_よんだ後_{あと}、必_{かなら}ず燃_もやしてください」それから水野_{みずの}さんとはお会_あいしていません。相変_{あいか}わらず近所_{きんじょ}の人_{ひと}はクスクスと笑_{わら}いながら私_{わたし}の家_{いえ}を覗_{のぞ}き込_こみます。一日一日_{いちにちいちにち}が私_{わたし}たち一家_{いっか}には針_{はり}のむしろでした。

ですが、それでも両親_{りょうしん}は私_{わたし}を責_せめません。「ああ、電灯_{でんとう}が暗_{くら}くなってるわね。気_きが滅入_{めい}っていけない。代_かわりをもってきましょう」母_{はは}は六畳間_{ろくじょうま}の電球_{でんきゅう}

を明るいものと取り換えました。そうして、私たち親子三人、明るい光の下で夕食をいただきました。「はあ、眩しい。眩しい」母は大変燥いでおりました。私も一緒になって燥ぎ、父にお酌などをしてあげました。そうか。そうだったのですね。私たちの幸せは所詮、こんなお部屋の電球を変えるくらいのものだったのです。さあ、覗くなら覗きなさい。私たち親子は美しいのです。その時、庭で鳴く虫にも知らせてあげたいほどの静かな喜びが、私の胸にこみ上げてきたのでございます。＜終り＞

[3] 위의 문장을 읽고 번역을 합시다.

....

....

....

....

....

....

....

....

....

....

....

....

....

[4] 한국어로 번역된 문장을 보면서 3/3의 일본어 원문을 들어봅시다.

[5] 전체 문장을 의미를 되새기면서 들어봅시다.

「私は盗みをしました」　＜灯籠＞　太宰治

「僕はあなたと一緒に散歩している時だけが楽しいのです」水野さんは私より五つも年下の商業学校の生徒です。私は一目で殿方を好きになってしまう性質でございます」

「下駄屋のさき子、とうとう男狂いが始まったぞ」近所の人たちが指を指して笑っていたのも分かっていました。ですが、水野さんのお顔は遠いおとぎ話のような美しく尊いものだったのです。「僕は孤児なのです。誰も親身になってくれる人がいません」水野さんは元は裕福な生まれだったそうなのですが、ご両親が早くに亡くなられ、遠い親戚に引き取られたそうでございます」「今度男友だちと海に行く約束をしました。あまり気が進みませんがね」そう、さみしそうなお顔でおっしゃいました。

もしかしたら、水野さんは水着をお持ちでないのかもしれません。というのも水野さんはずいぶんわびしい暮らしを送っていられるそうなのです。「さて、どうしたものでしょう」とてもお可哀想に見えました。そしてその夜、私は盗みを致しました。水野さんのために大丸で水着を盗んだのでございます。「泥棒、この女やったぞ」私は交番に連れていかれました。周りには山のように人が集まっています。

私を取り調べたのは色白のまだ若いお巡りさんでした。「名前と住所、年齢は?」こんな時なのに、私はふとそのお巡りさんを好きに思いました。しかし、お巡りさんは私の顔を見つめると急にニヤニヤ笑い出しました。「それでお嬢さん今度で何回目なの?」ぞっと寒気を覚えました。まごまごしていた

ら牢屋へ入れられる、重い罪を負わされる、何とかしてうまく言い逃れなければ…。ですが、やっと出た言葉は、自分ながら無様なもので、なんだか狂っていたようにも思われます。「私を牢へ入れてはいけません。私は悪くないのです。私は二十四になります。二十四年間、私は親孝行を致しました。父と母に大事に大事に仕えてきました。何が悪いのです。水野さんは立派な方です。今にきっと偉くなるお方です。私はあのお方に恥をかかせたくなかっただけです。それがなぜ悪いことなのです。あの方は上品な生まれなのです。他の人とは違うのです。私を牢に入れてはいけません。私は今まで何一つ悪いことをしなかった。弱い両親を一生懸命いたがって参りました。それなのにたった一度、ふと間違って手を動かしてしまった。ただそれだけのことで私の一生をめちゃめちゃにするのは間違っています。あんまりです。たった一度、ほんの二三分の事件じゃないですか。私はまだ若いのです。これからの命なのです。水着一つで大丸さんにどんな迷惑がかかるのです。人を騙して千円も二千円も搾り取って、それで褒められている人もいるじゃありませんか。牢は一体誰のためにあるのです。お金のない人ばかりが牢へ入れられています。あの人たちはきっと他人を騙すことのできない正直な方たちなのです。はあ、おかしい。おかしいじゃありませんか。馬鹿馬鹿しいことです」お巡りさんは青い顔して私を見つめていました。どうやら私は精神病の扱いを受けたようでございます。

　次の日、すぐに家に帰してもらいました。「大丈夫かい？殴られやしなかったかい？」両親は何も言いませんでした。ですが、その日から、近所の人たちがうろうろと家の周りを通るようになりました。みんな私の様子を覗きにくる

のです。私は震えました。水野さんのためにした行いがそんなに大事件だったのでしょうか。

やがて私は水野さんからお手紙をいただきました。「僕はこの世で、さき子さんを一番信じている人間であります。たださき子さんには教育が足りない。さき子さんは正直な女性ですが、環境において正しくないところがあります。人間は学問がなければいけません。僕は今に偉くなるでしょう。さき子さんも今は行動を慎み、犯した罪の万分の一でも償い、深く社会に陳謝することです。罪を憎んで人を憎まず。水野三郎。なおこの手紙は読んだ後、必ず燃やしてください」それから水野さんとはお会いしていません。相変わらず近所の人はクスクスと笑いながら私の家を覗き込みます。一日一日が私たち一家には針のむしろでした。

ですが、それでも両親は私を責めません。「ああ、電灯が暗くなってるわね。気が滅入っていけない。代わりをもってきましょう」母は六畳間の電球を明るいものと取り換えました。そうして、私たち親子三人、明るい光の下で夕食をいただきました。「はあ、眩しい。眩しい」母は大変燥いでおりました。私も一緒になって燥ぎ、父にお酌などをしてあげました。「そうか。そうだったのですね。私たちの幸せは所詮、こんなお部屋の電球を変えるくらいのものだったのです。さあ、覗くなら覗きなさい。私たち親子は美しいのです」その時、庭で鳴く虫にも知らせてあげたいほどの静かな喜びが、私の胸にこみ上げてきたのでございます。　＜終り＞

[6] 아래의 일본어 질문에 일본어로 대답합시다.

① 水野さんはどんな時が、一番楽しいと言いましたか。

....

② 水野さんは、どんな人でしたか。

....

③ 主人公は、どんな人でしたか。

....

④ 水野さんには、両親がいましたか。

....

⑤ 水野さんは、誰と何の約束をしましたか。

....

⑥ 主人公は水野さんのさみしそうな顔を見て、何を決心しましたか。

....

⑦ 水野さんが主人公によこした手紙には、何が書いてありましたか。

....

⑧ 水野さんは自分の書いた手紙を読んだ後、その手紙をどうしろと書きま

　 したか。

....

⑨ この話を聞いて、何を感じましたか。

....

[7] 아래의 일본어 문장을 읽고 본문 내용과 일치하는 것에는 ○를, 일치하지 않는 것에는 ×를 기입하세요.

① 僕はあなたと一緒に散歩している時だけが嬉しいのです。

(   )

② 水野さんは私より六つも年下の商業学校の生徒です。

(   )

③ ですが、水野さんのお顔は遠いおとぎ話のような綺麗で尊いものだったのです。 (   )

④ 水野さんは元は裕福な生まれだったそうなのですが、ご両親が早くに亡くなられ、遠い親戚に引き取られたそうでございます。 (   )

⑤ まごまごしていたら牢屋へ入れられる、軽い罪を負わされる、何とかしてうまく言い逃れなければ…。 (   )

⑥ 人を騙して一万円も二万円も搾り取って、それで褒められている人もいるじゃありませんか。 (   )

⑦ 牢は一体誰のためにあるのです。お金のない人ばかりが牢へ入れられています。 (   )

⑧ あの人たちはきっと他人を騙すことのできない正直な方たちなのです。

(   )

⑨ さき子さんは正直な夫人ですが、環境において正しくないところがあります。 (   )

⑩ さき子さんも今は行動を慎み、犯した罪の万分の一でも償い、深く社会に感謝することです。 (   )

Unit 10

しゅうしょく
就職(1940年)

はやしふみこ
林芙美子 作(1903年〜1951年)・きくドラ 脚色

新京、 サンルーム、 浜辺、 石崖
しんきょう　　　　　　　　　　 はまべ　 いしがけ

🎧 들리는 단어를 히라가나나 한자로 적어봅시다.

....

....

....

....

....

....

....

....

....

....

....

....

[1] 아래 일본어 단어의 의미를 새기면서 읽어봅시다.

- いや싫음 • 謙兄さん켄 오빠 • 大嫌いだ아주 싫어하다 • 新京지명 • 勝手제멋대로

- 一人で決める혼자서 결정하다 • 馬鹿바보 • 埼ちゃん사키쨩(인명) • 一生평생

- 職業を選ぶ직업을 고르다 • 癪に触る울화가 치밀다, 감정이 상하다

- 生まれ故郷태어난 고향 • 東京を去る도쿄를 떠나다 • とにかく좌우지간

- 東京を離れる도쿄를 벗어나다 • 新しい発展性のある土地새로운 발전성 있는 고장

- 働く일하다 • 何の関係もない아무런 관계도 없다 • 一生の仕事を決める평생할

  일을 정하다 • 女の問題여자문제 • 色々な人情여러 가지 인정 • 就職취직

- 林芙美子소설가 이름 • 翌朝다음날 아침(이튿날 아침) • 狭いサンルーム좁은 선룸

- 日光浴する일광욕하다 • 騒々しい시끄럽다, 어수선하다 • 青春の波청춘의 파도

- 窓の向こうの波창 맞은편의 파도 • 非常に대단히, 매우 • 穏やかだ온화하다

- 小説소설 • 青年청년 • 娘たち아가씨들 • 不安불안 • 欠乏결핍 • 人生に立ち向か

  う인생에 대항하다(맞서다) • 勇ましい용감하다, 씩씩하다 • 周囲주위

- 職業探しに血まなこになっている직업 찾기에 혈안이 되어 있다

- 二度と再びめぐってこない青春すら두 번 다시 찾아오지 않을 청춘조차

- 押し隠す감추다, 숨기다 • なぐり合う서로 때리다

「いやよ、いやだ。あっちへ行ってよ。謙兄さん。大嫌いだ。大嫌い。新京でもどこでもいらっしゃい。どうして勝手に一人で決めてしまったのよ。新京なんかへ行くために、謙兄さんは大学へ行ってたの」「馬鹿だな。埼ちゃんだって新京に遊びに来てくれればいいじゃないか。何も一生会えないって言うんじゃないでしょう」「はあ、どうしてそんな遠いところへ職業を選んだりするのよ? 私のことなんか、謙兄さんが考えているなんて思わないわ。でも、私はとてもそれが癪に触っているのよ」

「僕は、本当は、東京が嫌いになっているんですよ。生まれ故郷の東京を去るのは、埼ちゃんにはわからないだろうけど、とにかく僕は一度、東京を離れてみたいんだ。そして新しい発展性のある土地で働いてみたいと思っただけ。僕は本当は東京が嫌なんだ」

「じゃ、私も嫌いなのね」「ウン、困ったな。僕は埼子ちゃんは好きだよ。とても好きなんだけれど、このことは、埼ちゃんなんか何の関係もないし、うまく説明できないと思うけど、男がねえ、一生の仕事を決めるという時には、女の問題や色々な人情とは、違うものがあるんだよ」

<就職> 作 林芙美子

翌朝、埼子は二階の狭いサンルームで日光浴をしながら静かに本を読んでいた。昨日、騒々しかった青春の波は、窓の向こうの波のように、非常に静かに、穏やかになっている。この小説の中の青年や娘たちは不安と欠乏の人生に立ち向かってゆく、勇ましい元気があるのだ。それなのに、自分たち

の周囲は一体どうしてこんなに暗いのだろう。食べることや、生活にはどうやら困らないでいられるけれども、どの学生も、職業探しに血まなこになっている。二度と再びめぐってこない青春すらも押し隠して、みんななぐり合っては生きているのだ。

[3] 위의 문장을 읽고 번역을 합시다.

....

....

....

....

....

....

....

....

....

....

....

....

....

[4] 한국어로 번역된 문장을 보면서 1/3의 일본어 원문을 들어봅시다.

[1] 아래 일본어 단어의 의미를 새기면서 읽어봅시다.

• 実家친정, 결혼하기 전에 살던 집, 원래 살던 집(본가) • 一週間일주일 • 向こう상대편, 맞은편 • 二月の末2월말 • 三月の初め3월초 • 方向が決まる방향이 정해지다

• 安心안심 • 死ぬ日を待つ죽는 날을 기다리다 • 僻みっぽい쟁통이, 비뚤어진 사람

• 失礼실례 • 僻む비뚤어지다 • よその人다른 데에서 온 사람, 외부인 • 大学を出る대학을 나오다 • 職が決まる직업이 정해지다 • 恋をする사랑을 하다 • お嫁さんをもらう아내를 얻다 • 赤ちゃんができる아기가 생기다 • 平和に一生を送る평화롭게 일생을 보내다 • 色々なことを考える여러 가지를 생각하다 • 人を罰する사람을 벌하다 • 人を褒める남을 칭찬하다 • 人間らしい生き方인간다운 생활방식 • 結局결국

• 平凡な生涯평범한 생애 • しみったれた若さ초라한 젊음 • しなびた青春시든 청춘

• いちいち大芝居をする일일이 크게 한바탕 일을 벌리다(꾸미다) • 見せなきゃならない見せなければならない의 축약형 • 環境환경 • 貴族귀족 • 農民농민 • サラリーマン샐러리맨 • 作家の描いた芝居작가가 그린 연극 • 現実の世界현실의 세계

• 平凡に就職する평범하게 취직하다 • 親父아버지 • おふくろ어머니 • 満足만족

• 与える부여하다 • ほったらかす내팽개치다 • 熱愛する뜨겁게 사랑하다, 열애하다

• たかが知れたもの빤히 알려진 것

[2] 아래 본문의 한자 단어에 주목하면서 문장을 들어봅시다. (03:01~05:36)

「入っていいかい?」「誰なの?」「僕」「入っていいわ。謙一さんはいつまた実家から東京へ来るの」「一週間くらいかな。向こうへ行くのは、二月の末か三月の初めだから、まだたびたびここへはやってきますよ」「やって来なくてもいいわ」「どうして?」「どうしてでも、あなたは自分でどんどん何でもおやりになれるし、ちゃんと方向が決まっていて、安心じゃないの。私はもうここで、死ぬ日を待ってるだけだもの。来てくれなくてもいいの」「この頃、埼ちゃんは、どうかしてるよ」「どうして、そんなに僻みぽっくなったのかな」「失礼ね。僻んでなんかいないわ。みんなもうよその人なんだから。みんな大学を出て、職が決まって恋もしないでお嫁さんをもらって、赤ちゃんができて、平和に一生を送るのね」「埼ちゃんは頭の中だけで、色々なことを考えて一人で人を罰したり、人を褒めたりしている。人間らしい生き方というのは、結局は平凡な生涯にあるんじゃないかな」「おお、いやだ。そんなしみったれた若さだの、しなびた青春なんて嫌いだわ」「しなびた青春か。そうかな。青春と言うものは、いちいち大芝居をして見せなきゃならないものとも違うし、環境によって、貴族や農民、僕たちのようなサラリーマンの青春だってあるんだ。埼ちゃんが読んでいる小説の青春は、それは、その作家の描いた芝居であって、現実の世界とは違うよ。僕は平凡に就職して、親父やおふくろに喜んでもらうことで満足だな。埼ちゃんに言わせると、与えられた職なんかも時にはほったらかして、一人の女を熱愛することが青春なんだろうけど、それだって結局はたかが知れたものだ」

[3] 위의 문장을 읽고 번역을 합시다.

[4] 한국어로 번역된 문장을 보면서 2/3의 일본어 원문을 들어봅시다.

[1] 아래 일본어 단어의 의미를 새기면서 읽어봅시다.

・<ruby>長生<rt>なが い</rt></ruby>きをする 장수하다 ・いつ<ruby>死<rt>し</rt></ruby>ぬか<ruby>分<rt>わ</rt></ruby>からない 언제 죽을지 모르다 ・<ruby>職業<rt>しょくぎょう</rt></ruby>を<ruby>捨<rt>す</rt></ruby>

てる 직업을 버리다 ・<ruby>埼<rt>さき</rt></ruby>ちゃんのそばにつきっきりでいられる 사키쨩 곁에 쭉 붙

어 있을 수 있다 ・<ruby>合理的<rt>ごうりてき</rt></ruby>な<ruby>意味<rt>い み</rt></ruby> 합리적인 의미 ・せっかくの<ruby>恋愛<rt>れんあい</rt></ruby> 모처럼의 연애

・<ruby>変<rt>か</rt></ruby>えがたい 바꾸기 어렵다 ・<ruby>行<rt>い</rt></ruby>けやしないわ 가지 않을 거예요 ・<ruby>私<rt>わたし</rt></ruby>は<ruby>病気<rt>びょうき</rt></ruby>なのだ

もの 난 병에 걸린 걸요 ・<ruby>男<rt>おとこ</rt></ruby>の<ruby>仕事<rt>し ごと</rt></ruby> 남자의 일 ・<ruby>魅力<rt>みりょく</rt></ruby> 매력 ・<ruby>浜辺<rt>はまべ</rt></ruby>で<ruby>暮<rt>く</rt></ruby>らす 바닷가에서

살다 ・<ruby>病気<rt>びょうき</rt></ruby>に<ruby>脅<rt>おびや</rt></ruby>かされる 병에 위협을 받다 ・<ruby>毎日<rt>まいにち</rt></ruby><ruby>不機嫌<rt>ふきげん</rt></ruby>に<ruby>暮<rt>く</rt></ruby>らす 매일 우울하게

살다 ・<ruby>人間<rt>にんげん</rt></ruby>の<ruby>生活<rt>せいかつ</rt></ruby> 인간의 생활 ・<ruby>皮膚<rt>ひふ</rt></ruby>を<ruby>掻<rt>か</rt></ruby>きむしる 피부를 쥐어뜯다 ・<ruby>耐<rt>た</rt></ruby>えがたい

<ruby>気持<rt>きも</rt></ruby>ち 견디기 어려운 기분 ・<ruby>海<rt>うみ</rt></ruby>が<ruby>急<rt>きゅう</rt></ruby>に<ruby>暗<rt>くら</rt></ruby>くかげって<ruby>風<rt>かぜ</rt></ruby>が<ruby>出始<rt>ではじ</rt></ruby>める 바다가 갑자기

어두워지더니 바람이 불기 시작하다 ・<ruby>丸<rt>まる</rt></ruby>まった<ruby>新聞紙<rt>しんぶんし</rt></ruby> 동그랗게 말린 신문지

・<ruby>垣根<rt>かきね</rt></ruby>の<ruby>外<rt>そと</rt></ruby> 울타리 밖 ・<ruby>石崖<rt>いしがけ</rt></ruby> 바위산의 낭떠러지 ・<ruby>風<rt>かぜ</rt></ruby>が<ruby>吹<rt>ふ</rt></ruby>く 바람이 불다

Unit
10

「そりゃ謙一さんは、長生きをする方だからそんなことが言えるのよ。私
は、私はいつ死ぬかも分からないんですもの」「僕は、埼ちゃんにまだま
だ、いろんな話をしたいと思ってるんだ。今はむしろ僕は埼ちゃんをお嫁さ
んにもらえればもらいたいくらいに考えているけれど、僕には職業を捨てて
しまって、埼ちゃんのそばにつきっきりでいられる自由もないのだし、男に
は合理的な意味ではなく、職業のためには、せっかくの恋愛も捨てなければ
ならない場合もあるんだ。分かるかな。僕は今どんなすばらしい恋をしてい
ても、どうしても新京に行ってしまうだろうし、新しく仕事に出発していく
気持ちは、今の僕にとっては何者にも変えがたい」「だから、もういいのっ
て言ったでしょう。私は新京なんかに行けやしないわ。私だって私の生活が
あるんだし、もうこのままお別れでいいと思うの。私は病気なのだもの」

男の仕事というものは、そんなに男にとって魅力あるものなのか、自分は
これからも、この浜辺で暮らさなければならないし、病気に脅かされて、
毎日不機嫌に暮らさなければならないのだ。人間の生活とは一体なんだろ
う。埼子は皮膚を掻きむしられるように耐えがたい気持ちだった。海が急に
暗くかげって風が出始めたのか、丸まった新聞紙が垣根の外を石崖の方へ風
に吹かれていった。＜終り＞

[3] 위의 문장을 읽고 번역을 합시다.

[4] 한국어로 번역된 문장을 보면서 3/3의 일본어 원문을 들어봅시다.

[5] 전체 문장을 의미를 되새기면서 들어봅시다.

　「いやよ、いやだ。あっちへ行ってよ。謙兄さん。大嫌いだ。大嫌い。新京でもどこでもいらっしゃい。どうして勝手に一人で決めてしまったのよ。新京なんかへ行くために、謙兄さんは大学へ行ってたの」「馬鹿だな。埼ちゃんだって新京に遊びに来てくれればいいじゃないか。何も一生会えないって言うんじゃないでしょう」「はあ、どうしてそんな遠いところへ職業を選んだりするのよ? 私のことなんか、謙兄さんが考えているなんて思わないわ。でも、私はとてもそれが癪に触っているのよ」

　「僕は、本当は、東京が嫌いになっているんですよ。生まれ故郷の東京を去るのは、埼ちゃんにはわからないだろうけど、とにかく僕は一度、東京を離れてみたいんだ。そして新しい発展性のある土地で働いてみたいと思っただけ。僕は本当は東京が嫌なんだ」

　「じゃ、私も嫌いなのね」「ウン、困ったな。僕は埼子ちゃんは好きだよ。とても好きなんだけれど、このことは埼ちゃんなんか何の関係もないし、うまく説明できないと思うけど、男がねえ、一生の仕事を決めるという時には、女の問題や色々な人情とは、違うものがあるんだよ」

<就職> 作 林芙美子

　翌朝、埼子は二階の狭いサンルームで日光浴をしながら静かに本を読んでいた。昨日、騒々しかった青春の波は、窓の向こうの波のように、非常に静かに、穏やかになっている。この小説の中の青年や娘たちは不安と欠乏の人生に立ち向かってゆく、勇ましい元気があるのだ。それなのに、自分たちの周囲

は一体どうしてこんなに暗いのだろう。食べることや、生活にはどうやら困らないでいられるけれども、どの学生も、職業探しに血まなこになっている。二度と再びめぐってこない青春すらも押し隠して、みんななぐり合っては生きているのだ。

　「入っていいかい?」「誰なの?」「僕」「入っていいわ。謙一さんはいつまた実家から東京へ来るの」「一週間くらいかな。向こうへ行くのは、二月の末か三月の初めだから、まだたびたびここへはやってきますよ」「やって来なくてもいいわ」「どうして?」「どうしてでも、あなたは自分でどんどん何でもおやりになれるし、ちゃんと方向が決まっていて、安心じゃないの。私はもうここで、死ぬ日を待ってるだけだもの。来てくれなくてもいいの」「この頃、埼ちゃんは、どうかしてるよ」「どうして、そんなに僻みぽっくなったのかな」「失礼ね。僻んでなんかいないわ。みんなもうよその人なんだから。みんな大学を出て、職が決まって恋もしないでお嫁さんをもらって、赤ちゃんができて、平和に一生を送るのね」「埼ちゃんは頭の中だけで、色々なことを考えて一人で人を罰したり、人を褒めたりしている。人間らしい生き方というのは、結局は平凡な生涯にあるんじゃないかな」「おお、いやだ。そんなしみったれた若さだの、しなびた青春なんて嫌いだわ」「しなびた青春か。そうかな。青春と言うものは、いちいち大芝居をして見せなきゃならないものとも違うし、環境によって、貴族や農民、僕たちのようなサラリーマンの青春だってあるんだ。埼ちゃんが読んでいる小説の青春は、それは、その作家の描いた芝居であって、現実の世界とは違うよ。僕は

平凡に就職して、親父やおふくろに喜んでもらうことで満足だな。埼ちゃんに言わせると、与えられた職なんかも時にはほったらかして、一人の女を熱愛することが青春なんだろうけど、それだって結局はたかが知れたものだ」

「そりゃ謙一さんは、長生きをする方だからそんなことが言えるのよ。私は、私はいつ死ぬかも分からないんですもの」「僕は、埼ちゃんにまだまだ、いろんな話をしたいと思ってるんだ。今はむしろ僕は埼ちゃんをお嫁さんにもらえればもらいたいくらいに考えているけれど、僕には職業を捨ててしまって、埼ちゃんのそばにつきっきりでいられる自由もないのだし、男には合理的な意味ではなく、職業のためには、せっかくの恋愛も捨てなければならない場合もあるんだ。分かるかな。僕は今どんなすばらしい恋をしていても、どうしても新京に行ってしまうだろうし、新しく仕事に出発していく気持ちは、今の僕にとっては何者にも変えがたい」「だから、もういいのって言ったでしょう。私は新京なんかに行けやしないわ。私だって私の生活があるんだし、もうこのままお別れでいいと思うの。私は病気なのだもの」

男の仕事というものは、そんなに男にとって魅力あるものなのか、自分はこれからも、この浜辺で暮らさなければならないし、病気に脅かされて、毎日不機嫌に暮らさなければならないのだ。人間の生活とは一体なんだろう。埼子は皮膚を掻きむしられるように耐えがたい気持ちだった。海が急に暗くかげって風が出始めたのか、丸まった新聞紙が垣根の外を石崖の方へ風に吹かれていった。＜終り＞

[6] 아래의 일본어 질문에 일본어로 대답합시다.

① 主人公の崎ちゃんは、謙兄さんが新京に行くのをどう思いましたか。

....

② 謙兄さんは東京のことが好きでしたか、いやでしたか。

....

③ 謙兄さんはどうして、東京を離れようと決心しましたか。

....

④ 埼子は2階の狭いサンルームで、何をしましたか。

....

⑤ 埼子の読んでいる小説の中の登場人物は、どんな暮らしをしていましたか。

....

⑥ 謙兄さんの言っている人間らしい生き方は、どんなものですか。

....

⑦ 謙兄さんはどんな生活ができれば、満足すると言っていますか。

....

⑧ 埼子は謙兄さんと一緒に、新京に行くことにしましたか。

....

⑨ この話を聞いて、何を感じましたか。

....

[7] 아래의 일본어 문장을 읽고 본문 내용과 일치하는 것에는 ○를, 일치하지 않는 것에는 ×를 기입하세요.

① 生まれ故郷の東京を去るのは、埼ちゃんにはわからないだろうけど、とにかく僕は一度、東京を離れてみたいんだ。 （　　）

② このことは、埼ちゃんなんか何の関係もないし、うまく説明できないと思うけど、男がねえ、一生の仕事を決めるという時には、女の問題や色々な人情とは、違うものがあるんだよ。 （　　）

③ 翌朝、埼子は三階の狭いサンルームで日光浴をしながら静かに本を読んでいた。 （　　）

④ 昨日、騒々しかった青春の光は、窓の向こうの波のように、非常に静かに、穏やかになっている。 （　　）

⑤ この小説の中の青年や娘たちは不安と欠乏の人生に立ち向かってゆく、勇ましい力があるのだ。 （　　）

⑥ 食べることや、生活にはどうやら困らないでいられるけれども、どの学生も、職業探しに血まなこになっている。 （　　）

⑦ 人間らしい生き方というのは、結局は平凡な人生にあるんじゃないかな。 （　　）

⑧ 青春と言うものは、いちいち大芝居をして見せなきゃならないものとも違うし、環境によって、貴族や農民、僕たちのようなサラリーマンの青春だってあるんだ。 （　　）

⑨ 埼ちゃんに言わせると、与えられた職なんかも時にはほったらかして、一人の女を熱愛することが青春なんだろうけど、それだって結局はたか

が知れたものだ。 （　　　）

⑩ 男の人生というものは、そんなに男にとって魅力あるものなのか、自分
はこれからも、この浜辺で暮らさなければならないし、病気に脅かされ
て、毎日不機嫌に暮らさなければならないのだ。 （　　　）

Unit 11

おうごんふうけい
黄金風景 (1939年)

太宰治 作(1909年～1948年)・きくドラ 脚色

<ruby>女<rt>じょ</rt></ruby><ruby>中<rt>ちゅう</rt></ruby>、<ruby>千<rt>ち</rt></ruby><ruby>葉<rt>ば</rt></ruby>、<ruby>千<rt>ち</rt></ruby><ruby>葉<rt>ば</rt></ruby>の<ruby>海<rt>かい</rt></ruby><ruby>岸<rt>がん</rt></ruby>、<ruby>浴<rt>ゆ</rt></ruby><ruby>衣<rt>かた</rt></ruby>

들리는 단어를 히라가나나 한자로 적어봅시다.

[1] 아래 일본어 단어의 의미를 새기면서 읽어봅시다.

• 子供の時어릴 때 • 女中を苛める가정부를 괴롭히다 • のろくさい느려빠지다

• お慶가정부 이름 • 坊ちゃん도련님 • リンゴの皮を剥く사과껍질을 깎다(벗기다)

• 手を休める손을 쉬다(멈추다) • 足りない모자라다, 부족하다 • 背筋が寒い등줄기
가 오싹하다 • 言葉を投げつける말을 내던지다 • 絵本그림책 • 兵隊군인 • 全員전원

• ばらばらにする해체하다 • 部隊を再編成する부대를 재편성하다 • はさみ가위

• 切りぬく모두 자르다 • 歩兵보병 • 騎兵기병 • 海兵해병 • 日が暮れる해가 저물다

• 不器用なお慶일이 서툰 오케이 • 日暮れまでかかる저녁까지 걸리다 • やっと겨우

• 切り終わる모두 자르다 • 兵隊のひげ군인의 수염 • 片腕한 쪽 팔 • 銃を切り落と
す총을 잘라 내다 • 相変わらず변함없이, 여전히 • どんくさい느려빠지다, 얼빠지다

• 大事に扱う소중히 다루다

[2] 아래 본문의 한자 단어에 주목하면서 문장을 들어봅시다. (~01:41)

　私は子供の時、よく女中を苛めた。私はのろくさいことが嫌いで、のろくさい女中を苛めた。「おーい、お慶。リンゴはまだか」「は、はい。坊ちゃん。ただいま」お慶はのろくさい女中であった。リンゴの皮を剥かせても、二度も三度も手を休めた。この女は足りないのではないか、とすら思った。「おい、お慶。一日は短いのだぞ」今思い出すと背筋が寒くなるような言葉も投げつけた。だが、それでも私はお慶を苛めた。「おい、お慶。この絵本を見ろ!」「これは兵隊がたくさん描かれてますね」「全員ばらばらにしろ。部隊を再編成をする」「はい、坊ちゃん」私は絵本に描かれている、何百人という兵隊をはさみで切りぬかせた。歩兵も騎兵も海兵も一人一人。「おい、お慶。日が暮れるぞ」「はい、坊ちゃん」不器用なお慶は、日暮れまでかかってやっと三十人を切り終わった。だが、兵隊のひげや片腕、銃を切り落としたりと、相変わらずどんくさい。「おい、お慶。兵隊は大事に扱えよ」

[3] 위의 문장을 읽고 번역을 합시다.

....

....

....

....

....

....

....

....

....

....

....

....

....

....

[4] 한국어로 번역된 문장을 보면서 1/4의 일본어 원문을 들어봅시다.

[1] 아래 일본어 단어의 의미를 새기면서 읽어봅시다.

・その頃그 무렵 ・季節계절 ・汗っかき땀을 많이 흘리는 사람 ・汗땀 ・びしょびしょに濡れる흠뻑 젖다 ・遂に마침내, 결국 ・癇癪を起こす부아를 내다, 성질을 부리다 ・蹴る차다 ・汗をかく땀을 흘리다 ・左手왼손 ・右の頬を押さえる오른 쪽 뺨을 누르다 ・かばっと泣き伏す엎드려 엉엉 울다 ・顔を踏まれる얼굴을 밟히다

・一生覚える평생 기억하다 ・さすがに역시 ・いやな気分싫은 기분 ・いびり続ける계속해서 구박하다(학대하다) ・仕事일 ・終わらんぞ끝나지 않아 ・月日が流れる세월이 흐르다 ・様々な理由여러 가지 이유 ・家を追い出される집을 쫓겨나다

・ある人の好意어느 사람의 호의 ・千葉の海岸치바(지명)의 해안 ・家を借りる집을 빌리다 ・四十近い痩せたお巡り마흔 가까운 여윈 순경 ・訪ねる방문하다

・太宰の坊ちゃん다자이의 도련님 ・お宅の近所댁 근처 ・馬車を引く마차를 끌다

・同郷동향, 같은 고향 ・懐かしい그립다 ・ご覧のとおり보시는 대로 ・すっかり落ちぶれる완전히 몰락하다 ・とんでもない당치도 않다 ・小説소설 ・出世출세

・いやいや아니 아니 ・しがない物書き초라한(보잘 것 없는, 가난한) 글쟁이

・謙遜겸손 ・噂をする상대방에 관계된) 말을 하다 ・女中をする가정부를 하다

・思わず무심코 ・呻く신음하다 ・悪行악행

[2] 아래 본문의 한자 단어에 주목하면서 문장을 들어봅시다. (01:42~03:56)

　その頃、季節は夏であった。お慶は汗っかきなので兵隊たちはみな汗でびしょびしょに濡れてしまった。私は遂に癇癪を起こし、お慶を蹴った。「お慶、汗をかくな」「あっ」お慶は左手で右の頬を押さえ、かばっと泣き伏した。「私、親にさえ、顔を踏まれたことはありません。一生覚えております」さすがにいやな気分になった。しかし、それからも私はお慶をいびり続けた。「おい、お慶。仕事はまだ終わらんぞ」

　そして、それから二十年の月日が流れた。私は様々な理由で家を追い出され、今はある人の好意で、千葉の海岸に家を借りている。そして、ある日のことだ。家に四十近い痩せたお巡りが訪ねてきた。「失礼ですが、あなたは太宰の坊ちゃんでは…」「え、そうですが…」「あ、はあ、やはり。お忘れでしょうか。二十年前、お宅の近所で馬車を引いておりました」「あ、同郷の方ですか。それは懐かしい。ですが、私の方はご覧のとおり、すっかり落ちぶれてしまいました」「え？とんでもない。何でも小説をお書きになっているとか。ご出世じゃございませんか」「いやいや、しがない物書きです」「また、ご謙遜を…」「ハハ」「ところで太宰さん。ちょっとお話が…」「何か…」「いえ、ねえ、お慶、お慶がね、いつもあなたのお噂をしております」「お慶？」「お慶ですよ。お宅で女中をしていた…」「アア」「一生覚えております」私は思わず呻いた。それと同時に、二十年前の悪行の一つ一つが、はっきりと思い出された。

[3] 위의 문장을 읽고 번역을 합시다.

....

....

....

....

....

....

....

....

....

....

....

....

....

....

[4] 한국어로 번역된 문장을 보면서 2/4의 일본어 원문을 들어봅시다.

[1] 아래 일본어 단어의 의미를 새기면서 읽어봅시다.

• 家内아내 • 今度이번 • 連れる데려오다(데려가다) • ご挨拶に上がる인사하러 오다

• 積もる話쌓인 이야기 • 末の娘막내딸 • 小学校に上がる초등학교 진학하다

• 是非꼭 • そろそろ슬슬 • 巡邏に戻る순찰하러 되돌아가다 • お邪魔しました실례

가 많았습니다, 실례했습니다 • 愚鈍の女우둔한 여자 • 狼狽する어쩔 줄을 모르다

• 悩む걱정하다, 염려하다 • 珍客드문 손님, 진객 • すっかり忘れる완전히 잊다

• 数日後수일 후 • とくに이렇다 할 • 用事볼일 • 気晴らし기분전환 • 玄関の戸を開

ける현관문을 열다 • 浴衣を着る유카타를 입다 • 赤い洋服を着る빨간 옷을 입다

• 絵のように그림처럼 • 並ぶ늘어서다 • 一瞬일순간 • 血の気がひく핏기가 가시다

• 焦り초조함 • 驚くほど놀랄 만큼 • 不機嫌な声を発する심기 불편한(기분이 언짢

은) 소리를 내다 • 用事がある볼일이 있다 • 気の毒안타까움 • 引き取る물러가다

[2] 아래 본문의 한자 단어에 주목하면서 문장을 들어봅시다. (03:57~06:10)

「いえ、実はね。今、あれは私の家内になってまして…」「アハ、それは、それは」「そこでなんですが、今度、あれを連れて、お宅にご挨拶に上がりたいと思うのですが、いかがでしょう。お慶も積もる話があるでしょうし…」「お、お慶さんとですか?」「あと子供がね、いえ、末の娘なんですがね。今度、小学校に上がりまして…」「はあ」「その娘も連れて是非うかがわせてください。お慶も娘もあなたに会いたがっていますので…」「やあ、それはちょっと」「あ、失礼。そろそろ巡邏に戻らなくては…。それではお邪魔しました」

そう言ってお巡りは去っていった。あのお慶が家に来る。昔、毎日苛めていた、あの愚鈍の女が、しかも娘と…。私はしばらく狼狽してしまった。だがちょうどその頃、私は仕事のことというより、金のことで悩んでいたのでこの珍客をすっかり忘れてしまった。そして、数日後のこと、とくに用事はなかったが、私は気晴らしに海でも行こうと思い、玄関の戸を開けた。「やあ、どうも、こんにちは」すると何と外には、浴衣を着た父と母、そして赤い洋服を着た娘が絵のように美しく並んでいた。お慶の家族である。「お慶も楽しみにしておりました」一瞬で血の気がひいた。私は焦りから自分でも驚くほど不機嫌な声を発していた。「どうされました」「あの今日いらしたんですか」「困ったな。急に…」「実はこれから用事があるのですよ。すぐに出かけなければならない。気の毒ですが、お引き取りくださいますか」

[3] 위의 문장을 읽고 번역을 합시다.

....

....

....

....

....

....

....

....

....

....

....

....

....

....

[4] 한국어로 번역된 문장을 보면서 3/4의 일본어 원문을 들어봅시다.

[1] 아래 일본어 단어의 의미를 새기면서 읽어봅시다.

• 泳がせた目 흘깃 쳐다본 눈 • 姿を捉える 모습을 포착하다 • 愚鈍なお慶 우둔한 오케이 • 品のいい奥さん 품위 있는 부인 • お腹すく 배고프다 • 似る 닮다

• うすのろったらしい 느려터지다 • 濁った瞳 탁한 눈동자 • そっくり 쏙 빼닮은 모양

• 居たたまれない 견딜 수 없다, 배겨낼 수 없다 • 無視する 무시하다 • 玄関を跳び出す 현관을 뛰쳐나오다 • 後を振り返る 뒤를 되돌아 보다 • 舌打ちをする 혀를 차다

• よかろうと思い 좋을 거라고 생각 • 取って返す 되돌아가다 • 砂浜 모래사장

• 思わず立ち止まる 무심코 갑자기 멈춰서다 • 投げる 던지다 • のどかに笑う 편안히 웃다

• 海に石を投げ合う 바다에 돌을 서로 던지다 • まさに平和な時 실로 평화로운 때

• 父親の朗らかな声 아버지의 쾌활한 목소리 • 変わっている 별나다, 남다르다

• 親切 친절 • 目をかける 관심을 가지다, 돌봐주다 • 立ったまま 일어 선 채

• 険しい 険心한 • 興奮 흥분 • 涙 눈물 • 気持ちよく溶け去る 기분 좋게 녹아 없어지다

• 負ける 지다, 패배하다 • 親子 부모와 자식 • 勝利 승리 • 光を与える 빛을 주다

[2] 아래 본문의 한자 단어에 주목하면서 문장을 들어봅시다. (06:11~08:36)

私は泳がせた目で、お慶の姿を捉えた。あの愚鈍なお慶が品のいい奥さんになっている。「お母さん、お腹すいた」だが、娘は昔のお慶によく似ていた。あのうすのろったらしい濁った瞳までそっくりだ。私は居たたまれなくなり、お慶を無視して玄関を跳び出した。一度も後を振り返らず舌打ちをしながら…。そして三十分ほど歩いたろうか。私はもうよかろうと思い、家のほうに取って返した。すると砂浜から、幸せそうな親子の姿が見えた。私は思わず立ち止まった。お慶の親子三人だ。

「よーく見てろよ」「ウン」「ほれ、ウッフフ、すごい。もっと投げて」のどかに笑いながら、海に石を投げ合って、まさに平和な時だ。父親の朗らかな声がここまで聞こえてくる。「なかなか、頭のよさそうな方じゃないか、あの人は。今にきっと偉くなる。なー、お慶」「そうですともそうですとも。あの方は、小さいときから変わっておられました。女中に対してもそれはそれはもう、親切で、私にもよく目をかけてくださいました」私は立ったまま泣いていた。険しい興奮が涙で気持ちよく溶け去っていく。負けた。私は確かに負けたのだ。この親子に…。だが、これはいいことだ。こうでなければいけないのだ。彼らの勝利は私の明日にもまた光を与えるだろう。＜終り＞

[3] 위의 문장을 읽고 번역을 합시다.

....

....

....

....

....

....

....

....

....

....

....

....

....

....

....

[4] 한국어로 번역된 문장을 보면서 4/4의 일본어 원문을 들어봅시다.

[5] 전체 문장을 의미를 되새기면서 들어봅시다.

　私は子供の時、よく女中を苛めた。私はのろくさいことが嫌いで、のろく
さい女中を苛めた。「おーい、お慶。リンゴはまだか」「は、はい。坊ちゃ
ん。ただいま」お慶はのろくさい女中であった。リンゴの皮を剥かせても、
二度も三度も手を休めた。この女は足りないのではないか、とすら思った。
「おい、お慶。一日は短いのだぞ」今思い出すと背筋が寒くなるような言葉
も投げつけた。だが、それでも私はお慶を苛めた。「おい、お慶。この絵本
を見ろ！」「これは兵隊がたくさん描かれてますね」「全員ばらばらにしろ。
部隊を再編成をする」「はい、坊ちゃん」私は絵本に描かれている、何百人
という兵隊をはさみで切りぬかせた。歩兵も騎兵も海兵も一人一人。「お
い、お慶。日が暮れるぞ」「はい、坊ちゃん」不器用なお慶は、日暮れまで
かかってやっと三十人を切り終わった。だが、兵隊のひげや片腕、銃を切り
落としたりと、相変わらずどんくさい。「おい、お慶。兵隊は大事に扱え
よ」

　その頃、季節は夏であった。お慶は汗っかきなので兵隊たちはみな汗でび
しょびしょに濡れてしまった。私は遂に癇癪を起こし、お慶を蹴った。「お
慶、汗をかくな」「あっ」お慶は左手で右の頬を押さえ、かばっと泣き伏し
た。「私、親にさえ、顔を踏まれたことはありません。一生覚えておりま
す」さすがにいやな気分になった。しかし、それからも私はお慶をいびり続
けた。「おい、お慶。仕事はまだ終わらんぞ」

　そして、それから二十年の月日が流れた。私は様々な理由で家を追い出さ

れ、今はある人の好意で、千葉の海岸に家を借りている。そして、ある日の
ことだ。家に四十近い痩せたお巡りが訪ねてきた。「失礼ですが、あなたは
太宰の坊ちゃんでは…」「え、そうですが…」「あ、はあ、やはり。お忘
れでしょうか。二十年前、お宅の近所で馬車を引いておりました」「あ、同
郷の方ですか。それは懐かしい。ですが、私の方はご覧のとおり、すっかり
落ちぶれてしまいました」「え? とんでもない。何でも小説をお書きになって
いるとか。ご出世じゃございませんか」「いやいや、しがない物書きです」
「また、ご謙遜を…」「ハハ」「ところで太宰さん。ちょっとお話が…」
「何か…」「いえ、ねえ、お慶、お慶がね、いつもあなたのお噂をしており
ます」「お慶?」「お慶ですよ。お宅で女中をしていた…」「アア」「一生
覚えております」私は思わず呻いた。それと同時に、二十年前の悪行の一つ
一つが、はっきりと思い出された。

　「いえ、実はね。今、あれは私の家内になってまして…」「アハ、それ
は、それは」「そこでなんですが、今度、あれを連れて、お宅にご挨拶に上
がりたいと思うのですが、いかがでしょう。お慶も積もる話があるでしょう
し…」「お、お慶さんとですか?」「あと子供がね、いえ、末の娘なんです
がね。今度、小学校に上がりまして…」「はあ」「その娘も連れて是非うか
がわせてください。お慶も娘もあなたに会いたがっていますので…」「や
あ、それはちょっと」「あ、失礼。そろそろ巡邏に戻らなくては…。それで
はお邪魔しました」

　そう言ってお巡りは去っていった。あのお慶が家に来る。昔、毎日苛めて

いた、あの愚鈍の女が、しかも娘と…。私はしばらく狼狽してしまった。だがちょうどその頃、私は仕事のことというより、金のことで悩んでいたのでこの珍客をすっかり忘れてしまった。そして、数日後のこと、とくに用事はなかったが、私は気晴らしに海でも行こうと思い、玄関の戸を開けた。「やあ、どうも、こんにちは」すると何と外には、浴衣を着た父と母、そして赤い洋服を着た娘が絵のように美しく並んでいた。お慶の家族である。「お慶も楽しみにしておりました」一瞬で血の気がひいた。私は焦りから自分でも驚くほど不機嫌な声を発していた。「どうされました」「あの今日いらしたんですか」「困ったな。急に...」「実はこれから用事があるのですよ。すぐに出かけなければならない。気の毒ですが、お引き取りくださいますか」

　私は泳がせた目で、お慶の姿を捉えた。あの愚鈍なお慶が品のいい奥さんになっている。「お母さん、お腹すいた」だが、娘は昔のお慶によく似ていた。あのうすのろったらしい濁った瞳までそっくりだ。私は居たたまれなくなり、お慶を無視して玄関を跳び出した。一度も後を振り返らず舌打ちをしながら…。そして三十分ほど歩いたろうか。私はもうよかろうと思い、家のほうに取って返した。すると砂浜から、幸せそうな親子の姿が見えた。私は思わず立ち止まった。お慶の親子三人だ。

　「よーく見てろよ」「ウン」「ほれ、ウッフフ、すごい。もっと投げて」のどかに笑いながら、海に石を投げ合って、まさに平和な時だ。父親の朗らかな声がここまで聞こえてくる。「なかなか、頭のよさそうな方じゃないか、あの人は。今にきっと偉くなる。なー、お慶」「そうですともそうで

すとも。あの方は、小さいときから変わっておられました。女中に対しても
それはそれはもう、親切で、私にもよく目をかけてくださいました」私は
立ったまま泣いていた。険しい興奮が涙で気持ちよく溶け去っていく。負け
た。私は確かに負けたのだ。この親子に…。だが、これはいいことだ。こう
でなければいけないのだ。彼らの勝利は私の明日にもまた光を与えるだろう。

＜終り＞

[6] 아래의 일본어 질문에 일본어로 대답합시다.

① 主人公は子供の時に、誰を苛めましたか。

....

② 主人公はその人のどこが、嫌いでしたか。

....

③ 主人公の苛めたその人の名前は、何でしたか。

....

④ 主人公がその人に見せた絵本には、何が画いてありましたか。

....

⑤ 主人公は、その人に何をさせましたか。

....

⑥ その人は一日かかって、何人の絵をはさみで切ることができましたか。

....

⑦ それから20年後、主人公はどこで暮らしていましたか。

....

⑧ ある日、誰が主人公の家を訪ねてきましたか。

....

⑨ 主人公の家を訪ねてきたその人の奥さんは、誰でしたか。

....

⑩ 20年ぶりに会ったその人は、どんな姿をしていましたか。

....

⑪ その女性は、20年前の主人公のことをどう言っていましたか。

....

⑫ この話を聞いて、何を感じましたか。

....

[7] 아래의 일본어 문장을 읽고 본문 내용과 일치하는 것에는 ○를, 일치하지 않는 것에는 ×를 기입하세요.

① お慶はのろくさい女中であった。みかんの皮を剥かせても、二度も三度も手を休めた。　　　　　　　　　　　　　　　（　　　）

② 不器用なお慶は、夕暮れまでかかってやっと三十人を切り終わった。
　　　　　　　　　　　　　　　　　　　　　　　　　　（　　　）

③ だが、兵隊のひげや片腕、銃を切り落としたりと、相変わらずどんくさい。　　　　　　　　　　　　　　　　　　　　（　　　）

④ その頃、季節は春であった。お慶は汗っかきなので兵隊たちはみな汗でびしょびしょに濡れてしまった。　　　　　　　　　　　　（　　　）

⑤ 私は様々な理由で家を追い出され、今はある人の好意で、落葉の海岸に家を借りている。　　　　　　　　　　　　　　　　　　（　　　）

⑥ あ、失礼。そろそろ巡察に戻らなくては…。それではお邪魔しました。　　　　　　　　　　　　　　　　　　　　　　　　　（　　　）

⑦ 昔、毎日苛めていた、あの馬鹿の女が、しかも娘と…。私はしばらく狼狽してしまった。　　　　　　　　　　　　　　　　　（　　　）

⑧ だがちょうどその頃、私は仕事のことというより、金のことで悩んでいたのでこの珍客をすっかり忘れてしまった。　　　　　（　　　）

⑨ そして、数日後のこと、とくに用事はなかったが、私は気晴らしに川でも行こうと思い、玄関の戸を開けた。　　　　　　　　（　　　）

⑩ 女中に対してもそれはそれはもう、親切で、私にもよく目をかけてくださいました。　　　　　　　　　　　　　　　　　　　（　　　）

Unit 12

アンナ・パブローナ(1925年)

たやまかたい
田山花袋 作(1872年〜1930年)・きくドラ 脚色

ハルピン、エスカス、ウラジボ、スンガリ

들리는 단어를 히라가나나 한자로 적어봅시다.

[1] 아래 일본어 단어의 의미를 새기면서 읽어봅시다.

•郊外 교외 •エスカス 러시아 지명 •川の向こう 강 건너편 •避難民 피난민

•是非 꼭, 제발, 부디 •訪ねる 방문하다 •ハルピンに来るについて 하얼빈에 오는 데

에 있어서 •目的 목적 •思い通り 생각대로 •言付かる 전갈받다, 부탁받다

•頼む 부탁하다 •相思相愛 서로 그리워하고 사랑하고 있는 것 •周囲がやかましい

주위가 시끄럽다(그냥 있지 않다) •半年 반년 •ウラジホ 블라디보스톡

•なだめすかす 어르고 달래다 •思い込む 지레짐작하다 •ああいう風 그런 식

•多少 다소 •恋 사랑 •宗教的 종교적 •去年の冬あたり 작년 겨울 무렵 •旦那 남편

•身につまされる 남의 불행이)나의 일인 듯 여겨지다, 동정이 가다

[2] 아래 본문의 한자 단어에 주목하면서 문장을 들어봅시다. (~02:55)

「それで？ そのアンナという女はこのハルピンにいるの？」「そう」「ハルピンのどこに？」「なんでも、郊外だそうだ。エスカスとかというところがあるかね？」「あるわ。川の向こうよ。避難民などがいるところね。そこにいるの？」「そうだ。それを是非訪ねなければならないのだ。このハルピンに来るについて。二つの目的、一つはお前に会うということ、それはこうして思い通りになったが、もう一つは、そのアンナに是非会わなければならない」「それで？ あなたのお友達から手紙でも言付かっていらっしゃったの？」「手紙ばかりじゃない。金も少しばかり頼まれてきた。その、アンナという女がね、どうしても僕の友人を忘れないんだ。相思相愛だったけれども、周囲がやかましくって。それで半年ほどいてウラジホに帰ったんだ。いくらなだめすかしても、その友達でなくちゃいやなんだそうだ。女というものは、思い込むとああいう風になるもんかもしれないな。多少その恋が、宗教的になっているんだからね」「こっちには、いつから来てるの？」「去年の冬あたりから来てるんじゃないかな」「へえ？ 私と同じね」「でも旦那なんかありゃしない」「それで、行くの？」「是非行かなくっては…」「じゃ、私も連れて行ってくださいね」「それは連れて行ってもよいけれどもロシア女に会ったってしょうがないじゃないか」「そうじゃないの。私、身につまされたんですもの。女っていうものはみんなそうですが、そう思い込むと、忘れやしませんわね。旦那だって、何だってみんなその人になってしまうんですもの。私、そのロシア人と友達になりたいわ」

238 | 시청각으로 배우는 일본어

[3] 위의 문장을 읽고 번역을 합시다.

[4] 한국어로 번역된 문장을 보면서 1/3의 일본어 원문을 들어봅시다.

[1] 아래 일본어 단어의 의미를 새기면서 읽어봅시다.

- 相変わらず 여전히, 변함없이 • 空想家 공상가 • 三年が経つ 3년이 지나다

- 少し変わる 조금 바뀌다(변하다) • さみしいとき 적적할 때, 외로울 때

- 一人でいることが悲しい 혼자 있는 것이 슬프다 • 心細い 허전하다, 불안하다

- やけになる 자포자기하다 • 悪酔い 술마신 뒤의 뒤끝이 좋지 않음, 술주정을 부림

- ハルピンに珍しく雪が降る 하얼빈에 드물게 눈이 내리다 • 酔っぱらう 술 취하다

- お座敷から帰る途中 연회를 마치고 돌아오는 도중 • 涙が出る 눈물이 나다

- 仕方がない 하는 수 없다, 어쩔 수 없다 • 夢中で雪の中を歩く 무엇인가를 골똘히
  생각하면서 눈 속을 걷다 • 明るい火が一杯に輝く 밝은 불이 가득 빛나다

- 大勢集まる教会堂 많이 모이는 교회당 • 目に入る 눈에 들어오다 • いきなり 갑자기

- 両手を合わせる 양손을 모으다 • 今でも忘れずにいる 지금도 잊지 않고 있다

- あなたに向かう 당신을 향하다 • アンナっていう人の心持ち 안나라는 사람의 기분

- 怒る 성을 내다, 화를 내다

[2] 아래 본문의 한자 단어에 주목하면서 문장을 들어봅시다. (02:56~05:10)

「相変わらず、空想家だな」「だって、あなたにだって私の心は分かったでしょう。二年、三年経っても私の心は、少しも変わっていなかったということが…。やはり私の心の中にはあなたしかいないんですもの。でも、さみしいときがありますのよ。一人でいることが悲しくって、心細くって、いくらかやけになって、悪酔いなんかすることがありますけども、それはさあ去年の冬でした。ハルピンには珍しく雪が降って、酔っぱらってお座敷から帰る途中でしたね。私は悲しくって悲しくって、涙が出て涙が出て仕方がなくて、夢中で雪の中を歩いていました。ところが、そこに明るい火が一杯に輝いて、ロシア人の大勢集まっている教会堂が、目に入ったじゃありませんか。私はいきなりそこに入って、両手を合わせましたが、あの時のことは今でも忘れずにいます。あの時はそうも思いませんでしたけども、やはり、あなたに向かって、手を合わせたようなものだったんです。だから、そのアンナっていう人の心持ちもよくわかりますの。ねぇ、いいでしょう。是非一緒に連れてってください」「でもね、行くのはいいけれどもね、一緒に歩いて、旦那に見られたりなんかして問題になると困るよ」「私の旦那はそんな旦那じゃないの。一緒に歩いているところを見られたって、怒ったりする人じゃないの。一緒に歩くたって、三日か四日じゃありませんか。また、いつ会えるか分からないんですもの」

[3] 위의 문장을 읽고 번역을 합시다.

....

....

....

....

....

....

....

....

....

....

....

....

....

....

[4] 한국어로 번역된 문장을 보면서 2/3의 일본어 원문을 들어봅시다.

[1] 아래 일본어 단어의 의미를 새기면서 읽어봅시다.

• スンガリー러시아 지명 • 降りる(~에서)내리다 • 川を渡る강을 건너다 • 大丈夫괜찮음
• 深い깊다 • 心配염려, 걱정 • ひっくり返る뒤집히다 • 本望숙원, 본래 가지고 있는
소망 • 抱え거느림, 가짐 • 漕ぐ(배를)젓다 • 気がする생각이 들다 • 十字架십자가
• おかげ덕택, 덕분 • 時子일본 여성의 이름 • ロシア人の子供を捕まえる러시아인 아
이를 붙잡다 • 簡単なロシア語간단한 러시아어 • 住宅주택 • 容易に쉽사리, 용이하게
• 迷いもせずに헤매지도 않고 • 裏道뒷길 • 記す기록하다 • 入り口입구 • 怪訝な顔
의아해 하는 얼굴 • 一言한 마디 • 聞きつける듣고 알아차리다 • 半身を現わす몸을
비스듬하게 드러내다 • 時雄渡辺인명 • 慌ただしげに慌ただしい부산하다, 분주하다
+げに • 喜ばしげに喜ばしい즐겁다, 기쁘다+げに • 招く초청하다 • 言伝を伝える
전갈을 전하다 • 託す위탁하다 • 金を渡す돈을 건네다 • 大層매우, 꽤 • 写真像사진상
• 目にする우연히 보다, 발견하다 • 思わず感激の声を立てる무심코(자신도 모르게)
감격의 소리를 내다

「これがスンガリーだね。アッ、ここで降りるのかい」「ええ、ここで降りて川を渡らなくては…」「川を渡るのかい。この川を? 大丈夫かね。深いんだろう?」「それは深いですけれども、そんな心配はありませんの」「もしひっくり返ってもそれこそ、本望だけど…」「本当ね。私も夏になると、抱えの女たちと一緒に来るんですの」「君も漕げるのかね?」「え、漕げますとも…。でもこうして、この船にあなたと一緒に乗ろうとは…。それを思うと、もうこれで十分だっていう気がしますね。やはり、あの雪の夜の十字架のおかげね」

時子は近くにいたロシア人の子供を捕まえて、簡単なロシア語でアンナ・パブローナという女の住宅を聞いた。初めは容易には分からなかったが、三度目に聞いた子供が運よく知っていたので、そのまま迷いもせずに、私たちは、その裏道の方へと入っていった。見ると、アンナ・パブローナと、その名が記してあった。入り口にいる中年のロシア女が怪訝な顔でこちらを見てきたが、「わたなべ」という言葉を一言時子が発音すると、家にいてそれを聞きつけたらしい、美しい、三十ぐらいの女が急にその半身を現わした。

アンナであることがすぐわかった。時雄渡辺、ただそれだけで、アンナにはすべて分かったらしく、慌ただしげに、かつ喜ばしげに、急いで私たちを家の中に招き、私たちは、東京からの言伝を伝えて、託されてきた手紙と金を渡すと、アンナは大層喜んだ。すると、その部屋の壁に、十字架に並んで、渡辺の写真像が置かれているのを目にして、私たちは思わず感激の声を立ててしまった。<終り>

[3] 위의 문장을 읽고 번역을 합시다.

[4] 한국어로 번역된 문장을 보면서 3/3의 일본어 원문을 들어봅시다.

[5] 전체 문장을 의미를 되새기면서 들어봅시다.

　「それで? そのアンナという女はこのハルピンにいるの?」「そう」「ハルピンのどこに?」「なんでも、郊外だそうだ。エスカスとかというところがあるかね?」「あるわ。川の向こうよ。避難民などがいるところね。そこにいるの?」「そうだ。それを是非訪ねなければならないのだ。このハルピンに来るについて。二つの目的、一つはお前に会うということ、それはこうして思い通りになったが、もう一つは、そのアンナに是非会わなければならない」「それで? あなたのお友達から手紙でも言付かっていらっしゃったの?」「手紙ばかりじゃない。金も少しばかり頼まれてきた。その、アンナという女がね、どうしても僕の友人を忘れないんだ。相思相愛だったけれども、周囲がやかましくって。それで半年ほどいてウラジホに帰ったんだ。いくらなだめすかしても、その友達でなくちゃいやなんだそうだ。女というものは、思い込むとああいう風になるもんかもしれないな。多少その恋が、宗教的になっているんだからね」「こっちには、いつから来てるの?」「去年の冬あたりから来てるんじゃないかな」「へえ? 私と同じね」「でも旦那なんかありゃしない」「それで、行くの?」「是非行かなくっては…」「じゃ、私も連れて行ってくださいね」「それは連れて行ってもよいけれどもロシア女に会ったってしょうがないじゃないか」「そうじゃないの。私、身につまされたんですもの。女っていうものはみんなそうですが、そう思い込むと、忘れやしませんわね。旦那だって、何だってみんなその人になってしまうんですもの。私、そのロシア人と友達になりたいわ」

　「相変わらず、空想家だな」「だって、あなたにだって私の心は分かったでしょう。二年、三年経っても私の心は、少しも変わっていなかったということが…。やはり私の心の中にはあなたしかいないんですもの。でも、さみしいときがありますのよ。一人でいることが悲しくって、心細くって、いくらかやけになって、悪酔いなんかすることがありますけども、それはさあ去年の冬でした。ハルピンには珍しく雪が降って、酔っぱらってお座敷から帰る途中でしたね。私は悲しくって悲しくって、涙が出て涙が出て仕方がなくて、夢中で雪の中を歩いていました。ところが、そこに明るい火が一杯に輝いて、ロシア人の大勢集まっている教会堂が、目に入ったじゃありませんか。私はいきなりそこに入って、両手を合わせましたが、あの時のことは今でも忘れずにいます。あの時はそうも思いませんでしたけども、やはり、あなたに向かって、手を合わせたようなものだったんです。だから、そのアンナっていう人の心持ちもよくわかりますの。ねぇ、いいでしょう。是非一緒に連れてってください」「でもね、行くのはいいけれどもね、一緒に歩いて、旦那に見られたりなんかして問題になると困るよ」「私の旦那はそんな旦那じゃないの。一緒に歩いているところを見られたって、怒ったりする人じゃないの。一緒に歩くたって、三日か四日じゃありませんか。また、いつ会えるか分からないんですもの」

　「これがスンガリーだね。アッ、ここで降りるのかい」「ええ、ここで降りて川を渡らなくては…」「川を渡るのかい。この川を？ 大丈夫かね。深いんだろう？」「それは深いですけれども、そんな心配はありませんの」「も

しひっくり返ってもそれこそ、本望だけど…」「本当ね。私も夏になると、抱えの女たちと一緒に来るんですの」「君も漕げるのかね?」「え、漕げますとも…。でもこうして、この船にあなたと一緒に乗ろうとは…。それを思うと、もうこれで十分だっていう気がしますね。やはり、あの雪の夜の十字架のおかげね」

　時子は近くにいたロシア人の子供を捕まえて、簡単なロシア語でアンナ・パブローナという女の住宅を聞いた。初めは容易には分からなかったが、三度目に聞いた子供が運よく知っていたので、そのまま迷いもせずに、私たちは、その裏道の方へと入っていった。見ると、アンナ・パブローナと、その名が記してあった。入り口にいる中年のロシア女が怪訝な顔でこちらを見てきたが、「わたなべ」という言葉を一言時子が発音すると、家にいてそれを聞きつけたらしい、美しい、三十ぐらいの女が急にその半身を現わした。

　アンナであることがすぐわかった。時雄渡辺、ただそれだけで、アンナにはすべて分かったらしく、慌ただしげに、かつ喜ばしげに、急いで私たちを家の中に招き、私たちは、東京からの言伝を伝えて、託されてきた手紙と金を渡すと、アンナは大層喜んだ。すると、その部屋の壁に、十字架に並んで、渡邊の写真像が置かれているのを目にして、私たちは思わず感激の声を立ててしまった。＜終り＞

[6] 아래의 일본어 질문에 일본어로 대답합시다.

① 主人公が、ハルピンに来た二つの目的は何ですか。

....

② ロシア人の女性は、誰を愛してると言っていますか。

....

③ 主人公の相手の女性は、どんな人ですか。

....

④ 主人公の探しているロシア人の女性の名前は何ですか。

....

⑤ 主人公と一緒にいた女性の名前は何ですか。

....

⑥ 主人公が探していたロシア人の女性は、何歳くらいに見えましたか。

....

⑦ ロシア人の女性が、待っていた日本人男性の名前は何でしたか。

....

⑧ この話を聞いて、何を感じましたか。

....

[7] 아래의 일본어 문장을 읽고 본문 내용과 일치하는 것에는 ○를, 일치하지 않
는 것에는 ×를 기입하세요.

① 二つの目的、一つは彼に会うということ、それはこうして思い通りに

なったが、もう一つは、そのアンナに是非会わなければならない。（　　）

② 相思相愛だったけれども、周囲がやかましくって。それで一年ほどいて
　ウラジホに帰ったんだ。　　　　　　　　　　　　　　　　（　　　）

③ いくら、なだめすかしても、その親友でなくちゃいやなんだそうだ。
　　　　　　　　　　　　　　　　　　　　　　　　　　　　　（　　　）

④ 女というものは、思い込むとああいう風になるもんかもしれないな。
　　　　　　　　　　　　　　　　　　　　　　　　　　　　　（　　　）

⑤ ところが、そこに明るい火が一杯に輝いて、日本人の大勢集まってい
　る教会堂が、目に入ったじゃありませんか。　　　　　　　（　　　）

⑥ 私はいきなりそこに入って、両手を合わせましたが、あの時のことは今
　でも忘れずにいます。　　　　　　　　　　　　　　　　　（　　　）

⑦ あの時はそうも思いませんでしたけども、やはり、あなたに向かって、
　手を合わせたようなものだったんです。　　　　　　　　　（　　　）

⑧ 時雄は近くにいたロシア人の子供を捕まえて、簡単なロシア語でアン
　ナ・パブローナという女の住宅を聞いた。　　　　　　　　（　　　）

⑨ 入り口にいる中年のロシア女が怪訝な顔でこちらを見てきたが、「わた
　なべ」という言葉を、一言、時子が発音すると、家にいてそれを聞きつ
　けたらしい、美しい、二十ぐらいの女が急にその半身を現わした。
　　　　　　　　　　　　　　　　　　　　　　　　　　　　　（　　　）

⑩ すると、その部屋の壁に、十字架に並んで、渡邊の写真像が置かれてい
　るのを目にして、私たちは思わず感激の声を立ててしまった。
　　　　　　　　　　　　　　　　　　　　　　　　　　　　　（　　　）

Unit 13

<ruby>仙人<rt>せんにん</rt></ruby>

仙人_(1922年)

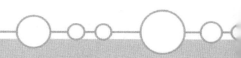

<ruby>芥川龍之介<rt>あくたがわりゅうのすけ</rt></ruby> 作(1892年〜1927年)・きくドラ 脚色

<ruby>仙<rt>せんにん</rt></ruby>人、<ruby>飯炊<rt>めしだ</rt></ruby>き<ruby>奉公<rt>ほうこう</rt></ruby>、<ruby>番頭<rt>ばんとう</rt></ruby>、<ruby>口入屋<rt>くちいれや</rt></ruby>、<ruby>住<rt>す</rt></ruby>み<ruby>込<rt>こ</rt></ruby>み、<ruby>仙術<rt>せんじゅつ</rt></ruby>、<ruby>庭石<rt>にわいし</rt></ruby>

들리는 단어를 히라가나나 한자로 적어봅시다.

[1] 아래 일본어 단어의 의미를 새기면서 읽어봅시다.

- 表겉면, 앞부분 • 万수나 종류가 많음 • 口入れ屋직업(고용인) 소개소(소개하는 사람)

- 奉公をする봉공을 하다(타인의 집에 고용되어 그 가사, 가업에 종사하는 것)

- 大方대부분 • 下働き타인의 아래에서 일을 하는 것 • 飯炊き奉公밥짓는 봉공

- 顔が広い발이 넓다 • 細かい注文세세한 주문 • 相談に乗る상담을 받다

- 察する에 비추어보아하니 • 給金のいいところ월급 많이 주는 곳 • 望み바람, 희망

- 珍しい드물다, 귀하다 • とにかく좌우지간, 어쨌든 • 条件を言う조건을 말하다

- おら1인칭)나 • 仙人신선 • 修行수행 • 奉公先봉공할 곳 • 世話する돕다, 수고하다

- ずいぶんと몹시, 꽤 • 面倒귀찮음 • 番頭지배인 • さすがに역시(타인의 능력을 인정하는 기분) • 仙人修行신선 수행 • 看板간판 • ただし단지, 다만 • 除く제외하다

[2] 아래 본문의 한자 단어에 주목하면서 문장을 들어봅시다. (~02:13)

「あの…」「いらっしゃいまし」「表に万口入れと書いてあるだども」
「そうだよ。うちは口入れ屋だ」「あ、その、おら、奉公がしたいんだけど
も…」「ああ、そうかい。で、どんなところに奉公したいんだい？大方、
下働きの飯炊き奉公ってとこだね」「そうなんだけども…」「何だい？うち
は顔が広いから…。いろいろと細かい注文や相談にも乗るよ。察するに給金
のいいところがお望みだね」「あ、いや。お給金は安くてもいいんだけれど
も…」「何だ。珍しいね。ウー、とにかく条件を言ってごらん」「おら、
おら、仙人さなりてえんだ」「はあ、仙人？仙人ってあの仙人かい？」「う
んだ。おら、どうしても仙人さなりてえ。だから、仙人になる修行ができる
ような奉公先をどっか世話してけろ！」「ウー、何だい。ずいぶんと面倒なの
が来やがったな。い、いや、さすがにうちでもそんな奉公先は…」「ないっ
て？」「ああ、ないね」「番頭さん！」「何だい？」「表に万口入れと書いて
ある。ありゃ嘘かね」「いや、嘘じゃないよ。嘘じゃないけど、さすがに
仙人修行はな」「じゃ看板の横に、ただし仙人修行は除くって読めるように
書いておいてけろ！」

[3] 위의 문장을 읽고 번역을 합시다.

[4] 한국어로 번역된 문장을 보면서 1/4의 일본어 원문을 들어봅시다.

[1] 아래 일본어 단어의 의미를 새기면서 읽어봅시다.

• 野郎남자를 욕할 때 쓰는 말) 놈, 새끼 • 言いたいところをつく말하고 싶은 곳을 찌르다 • そこまで言われちゃ言われては의 회화체 • 沽券にかかわる체통에 관계되다 • 奉公先を見つける봉공할 곳을 발견하다(찾아내다) • 勢い기세 • 弱る약해지다, 곤란하다, 난처하다 • 芥川竜之介소설가명 • 仙人신선 • 調子がいい컨디션이 좋다, 몸이 가볍다 • おかげ덕택, 덕분 • 腰허리 • すっかりよくなる완전히 좋아지다 • 胃がズキズキ痛む위가 지끈지끈 아프다 • 当たる체하다 • 仙人になりてえ仙人になりたい의 속된 표현 • 紹介しろ紹介する의 명령형 • 面倒くせえ面倒くさい(귀찮다)의 속된 표현 • 客손님 • 無理難題해결하기 어려운 난제 • きょうび요즈음 • 口入れ屋の番頭직업소개서 지배인 • 断る거절하다 • 仙人志望とやら신선 지망이라나 뭐라나 • 寄こす보내오다 • 心当たり짐작, 마음에 집히는 곳 • 純朴순박 • 今時오늘날, 요즘 • 庭の手入れ정원 손질 • 下働きを探す남 밑에서 일할 사람을 찾다 • 騙す속이다 • 人聞きの悪い말귀를 못알아 듣다, 평판(소문)이 나쁘다 • 年나이 • 二十歳そこそこ스무살 남짓 • 丈夫だ튼튼하다 • 世間知らず세상물정을 모름 • 見立て판단, 진단 • 間違いない틀림없다

[2] 아래 본문의 한자 단어에 주목하면서 문장을 들어봅시다. (02:14~05:10)

「こ、この野郎。言いたいところをついて来やがったな」「書いてくれるかね」「あ、分かったよ。そこまで言われちゃ、こっちだって沽券にかかわる。あしたまた来な。それまでに仙人修行のできる奉公先を見つけといてやるよ」「本当かね」「アア、ア。とにかくあしたまた来な」「はあ、分かっただ」「ああ、勢いでああは言ったものの、弱ったな。仙人、仙人か。そんな奉公先があったら、こっちが奉公したいよ」芥川竜之介 作 ＜仙人＞

「調子はいいようだね」「ありがとうございます先生。おかげで腰はすっかりよくなりました。だけど今度は胃がズキズキ痛むんで…」「胃? 何か当たったかね?」「いいえ、ね、先生。今日ね。なんと仙人になりてえ、どっか仙人になれる奉公先を紹介しろって。面倒くせえ客が来やがってね」「ホー、ホッホ。それは無理難題だ」「きょうび口入れ屋の番頭も大変ですよ。まあ、あしたまた来いとは言っておきましたが、探したけど見つからなかったとでも言うしかありませんな」「まあ、そうだろうね」「あら、断ることなんてないよ。その仙人志望とやら、よかったら、家へ奉公にお寄こしよ」「お前」「奥様。仙人修行に、心当たりがおありで?」「アッハハハ。ないよ。あるもんか。だけど、そんな純朴なのは、今時珍しいからね」「お前また」「あたしに考えがあるんだよ。ちょうど庭の手入れをしてくれる下働きを探していたとこだしね」「どうすんだ。騙すのか」「騙すだなんて、人聞きの悪い」「番頭さん!」「はい」「その男は年は?」「まあ、二十歳そこそこ」「丈夫そうかい」「まあ、丈夫で世間知らずで、よく働き

そうではありました」「番頭さんの見立てなら間違いない。では、あす、ここへ来るように言ってくださいな」「分かりました」「お前どうするのだ」「まあ、いいから、あなたは私の言うとおりにして」「アッ、ウッウーン」

[3] 위의 문장을 읽고 번역을 합시다.

----

[4] 한국어로 번역된 문장을 보면서 2/4의 일본어 원문을 들어봅시다.

[1] 아래 일본어 단어의 의미를 새기면서 읽어봅시다.

• 権助사람 이름 • 奉公に当たる봉공에 들어가다 • 申し渡す분부하다, 명령하다

• 生半可なこと어설픈 것, 엉거주춤한 것 • 修行수행 • 諦める체념하다 • 無給무급

• 住み込み일하는 사람이 출퇴근을 하지 않고 주인집에 들어가 사는 것 • 一文한 푼

• 年期があける연한이 다하다 • 仙術を授ける신선술을 전수하다 • ほうき빗자루

• 早速재빨리 • 庭を掃く마당을 쓸다 • 上出来아주 잘함 • 気がとがめる양심의 가책

을 받다 • 二十年後を考える이십 년 후를 생각하다 • 気が重い마음이 무겁다

• 忘れちまう忘れてしまう의 축약형 • 二十年経ったら経ったで이십 년 지나면 지

나라지 • 考えがある생각이 있다

[2] 아래 본문의 한자 단어에 주목하면서 문장을 들어봅시다. (05:11~07:14)

「お前が権助か」「へえ…」「ウーン、仙人になりたいそうだな」「へえ」「よかろう。だがな、奉公に当たり最初に、これだけは申し渡しておく」「ああ、へえ」「生半可なことでは、仙人になることはできん。分かっておるな」「そ、そりゃもう…」「二十年は修行が必要だ」「二十年…」「諦めるか」「いえ、はあ、いえ」「修行は苦しい。二十年間は無給で奉公だ。まあ住み込みで寝るところと、三食だけは食わせてやる」「へえ」「あとはびた一文払わん。それでも仙人になりたいかね」「はい」「分かった。そこまで言うなら、うちで修行しろ。二十年の年期があけたら、仙術を授けてやる」「ヘッヘ、へえ!」「よし、分かったら、そこにほうきがある。今日から早速庭を掃け!」「へえ!」

「あれでよかったのかい」「ああ、あんたにしちゃ、上出来だよ」「なんだが、気がとがめるな」「何言ってたんだい。それよりごらんよ。あの男はよく働くよ」「あっ、あ。しかし、どうする。二十年後を考えると、今から気が重い」「何、二十年は長いよ。忘れちまうさ。それに二十年経ったら経ったで、あたしにちゃんと考えがあるのさ」「そ、そうかい」

[3] 위의 문장을 읽고 번역을 합시다.

----

[4] 한국어로 번역된 문장을 보면서 3/4의 일본어 원문을 들어봅시다.

[1] 아래 일본어 단어의 의미를 새기면서 읽어봅시다.

- 旦那様주인님 • 奥様사모님, 마님 • 精が出る수고하다 • 二十年目이십 년째

- 約束の日약속의 날 • 暦달력 • 印をつける표시를 하다 • 間違い틀림 • 狼狽える방

황하다, 갈팡질팡하다 • いい加減적당함, 알맞음 • 松の木소나무 • 登る오르다

- 手入れする손질하다 • ぶら下がる매달리다, 잡고 늘어지다 • 危ない위험하다

- 枝の真下나뭇가지 바로 아래 • 庭石정원석 • 右手を離す오른 손을 놓다

- 庭木の手入れ정원목의 손질 • 途中도중 • 誤る잘 못 되다, 실수하다 • 完全犯罪완

전범죄 • 左手왼손 • わしが悪い내가 잘 못하다 • 遅い늦다 • 浮く뜨다 • 御恩남이 베

풀어준 은혜 • 達者건강함, 튼튼함 • 堪忍용서, 참고 견딤, 인내

「おはようごぜいます。旦那様。奥様」「おお、今日も朝から精が出るな、権助」「へえ」「今朝は何やら嬉しそうだな。何かあったか」「お忘れですか、旦那様。今日がお約束の二十年目です」「え、約束?」「へえ、仙術を授けて下さるというお約束の日です」「も、もうそんなになるのか」「えー、暦に印をつけていたから間違いねえですだ」「あ、ととと、どうするお前」「狼狽えるんじゃありませんよ」「権助」「へえ、奥様」「そこへおなおり」「へえ」「今からお前に仙術を授けるよ」「へえ、あっ、はい、はい」「お前いい加減なことを…」「いいからあんたは黙って、権助」「はい、奥様」「仙術を授ける前に言っておくよ。今からあたしの言う通りにするんだよ」「はい」「もし言う通りにできないんなら、仙術は授けられない。また二十年間、ただ奉公だよ」「アッ、ハ。アッ、ハア」「約束するね」「へえ、おっしゃるとおりに…」「じゃ、そこの松の木にお登り。この二十年お前が毎日手入れしてきたその松だよ」「へえ、登りました」「登ったら、そっちの枝にお移り!」「お、お前、危ない! あの枝は…」「いいから、さあ権助。その枝にぶら下がるんだよ。できなきゃ、また二十年ただ奉公だ」「分かりやした」「お、お、お。危ない。おーい、枝の真下は庭石…」「ぶ、ぶら下がりました」「そうかい。じゃ、まずは右手を離してみようかね」「へ、へーい」「お前、まさか」「フフ、庭木の手入れの途中に誤って、完全犯罪さ」「は、離しましたよ。奥様!」「じゃ、今度は左手だよ」「おおお、やめろ! わしが悪かった。すべて

は…」「もう遅いよ」「離しました」「へー、へえ？」「おー、落ちない」「おお、おおっ、おー、浮いてる、浮いてるぞ。ほら、とうとう仙人になれただ」「く、雲に…」「旦那様、奥様。ありがとうごぜいました。本当に、ありがとうごぜいました。この御恩はお山に行っても一生忘れませんだ」「は、そんな、まさか…」「先生、奥様、お達者でえ。お達者でえ」「ああ、行ってしまった」「ハ、ハ、堪忍。どうか、堪忍しておくれ、権助」「権助、権助ええぇ」 ＜終り＞

[3] 위의 문장을 읽고 번역을 합시다.

---

[4] 한국어로 번역된 문장을 보면서 4/4의 일본어 원문을 들어봅시다.

　「あの…」「いらっしゃいまし」「表に万口入れと書いてあるだども」「そうだよ。うちは口入れ屋だ」「あ、その、おら、奉公がしたいんだけども…」「ああ、そうかい。で、どんなところに奉公したいんだい? 大方、下働きの飯炊き奉公ってとこだね」「そうなんだけども…」「何だい? うちは顔が広いから…。いろいろと細かい注文や相談にも乗るよ。察するに給金のいいところがお望みだね」「あ、いや。お給金は安くてもいいんだけれども…」「何だ。珍しいね。ウー、とにかく条件を言ってごらん」「おら、おら、仙人さなりてえんだ」「はあ、仙人? 仙人ってあの仙人かい?」「うんだ。おら、どうしても仙人さなりてえ。だから、仙人になる修行ができるような奉公先をどっか世話してけろ!」「ウー、何だい。ずいぶんと面倒なのが来やがったな。い、いや、さすがにうちでもそんな奉公先は…」「ないって?」「ああ、ないね」「番頭さん!」「何だい?」「表に万口入れと書いてある。ありゃ嘘かね」「いや、嘘じゃないよ。嘘じゃないけど、さすがに仙人修行はな」「じゃ看板の横に、ただし仙人修行は除くって読めるように書いておいてけろ!」

　「こ、この野郎。言いたいところをついて来やがったな」「書いてくれるかね」「あ、分かったよ。そこまで言われちゃ、こっちだって沽券にかかわる。あしたまた来な。それまでに仙人修行のできる奉公先を見つけといてやるよ」「本当かね」「アア、ア。とにかくあしたまた来な」「はあ、分かっただ」「ああ、勢いでああは言ったものの、弱ったな。仙人、仙人か。そん

な奉公先があったら、こっちが奉公したいよ」　芥川竜之介 作 ＜仙人＞

　「調子はいいようだね」「ありがとうございます先生。おかげで腰はすっかりよくなりました。だけど今度は胃がズキズキ痛むんで…」「胃？ 何か当たったかね？」「いいえ、ね、先生。今日ね。なんと仙人になりてえ、どっか仙人になれる奉公先を紹介しろって。面倒くせえ客が来やがってね」「ホー、ホッホ。それは無理難題だ」「きょうび口入れ屋の番頭も大変ですよ。まあ、あしたまた来いとは言っておきましたが、探したけど見つからなかったとでも言うしかありませんな」「まあ、そうだろうね」「あら、断ることなんてないよ。その仙人志望とやら、よかったら、家へ奉公にお寄こしよ」「お前」「奥様。仙人修行に、心当たりがおありで？」「アッハハハ。ないよ。あるもんか。だけど、そんな純朴なのは、今時珍しいからね」「お前また」「あたしに考えがあるんだよ。ちょうど庭の手入れをしてくれる下働きを探していたとこだしね」「どうすんだ。騙すのか」「騙すだなんて、人聞きの悪い」「番頭さん！」「はい」「その男は年は？」「まあ、二十歳そこそこ」「丈夫そうかい」「まあ、丈夫で世間知らずで、よく働きそうではありました」「番頭さんの見立てなら間違いない。では、あす。ここへ来るように言ってくださいな」「分かりました」「お前どうするのだ」「まあ、いいから。あなたは私の言うとおりにして」「アッ、ウッウーン」

　「お前が権助か」「へえ…」「ウーン、仙人になりたいそうだな」「へえ」「よかろう。だがな、奉公に当たり最初に、これだけは申し渡しておく」「ああ、へえ」「生半可なことでは、仙人になることはできん。分かっ

ておるな」「そ、そりゃもう…」「二十年は修行が必要だ」「二十年…」
「諦めるか」「いえ、はあ、いえ」「修行は苦しい。二十年間は無給で奉公
だ。まあ住み込みで寝るところと、三食だけは食わせてやる」「へえ」「あ
とはびた一文払わん。それでも仙人になりたいかね」「はい」「分かった。
そこまで言うなら、うちで修行しろ。二十年の年期があけたら、仙術を授け
てやる」「ヘッヘ、へえ?」「よし、分かったらそこにほうきがある。今日
から早速庭を掃け!」「へえ!」

　「あれでよかったのかい」「ああ、あんたにしちゃ、上出来だよ」「なん
だが、気がとがめるな」「何言ってたんだい。それよりごらんよ。あの男は
よく働くよ」「あっ、あ。しかし、どうする。二十年後を考えると、今から
気が重い」「何、二十年は長いよ。忘れちまうさ。それに二十年経ったら
経ったで、あたしにちゃんと考えがあるのさ」「そ、そうかい」

　「おはようごぜいます。旦那様。奥様」「おお、今日も朝から精が出る
な、権助」「へえ」「今朝は何やら嬉しそうだな。何かあったか」「お忘れ
ですか、旦那様。今日がお約束の二十年目です」「え、約束?」「へえ、仙
術を授けて下さるというお約束の日です」「も、もうそんなになるのか」
「えー、暦に印をつけていたから間違いねえですだ」「あ、ととと、どうす
るお前」「狼狽えるんじゃありませんよ」「権助」「へえ、奥様」「そこへ
おなおり」「へえ」「今からお前に仙術を授けるよ」「へえ、あっ、はい、
はい」「お前いい加減なことを…」「いいからあんたは黙って、権助」「は
い、奥様」「仙術を授ける前に言っておくよ。今からあたしの言う通りにす

るんだよ」「はい」「もし言う通りにできないんなら、仙術は授けられない。また二十年間、ただ奉公だよ」「アッ、ハ。アッ、ハア」「約束するね」「へえ、おっしゃるとおりに…」「じゃ、そこの松の木にお登り。この二十年お前が毎日手入れしてきたその松だよ」「へえ、登りました」「登ったら、そっちの枝にお移り!」「お、お前、危ない! あの枝は…」「いいから、さあ権助。その枝にぶら下がるんだよ。できなきゃ、また二十年ただ奉公だ」「分かりやした」「お、お、お。危ない。おーい、枝の真下は庭石…」「ぶ、ぶら下がりました」「そうかい。じゃ、まずは右手を離してみようかね」「へ、へーい」「お前、まさか」「フフ、庭木の手入れの途中に誤って、完全犯罪さ」「は、離しましたよ。奥様!」「じゃ、今度は左手だよ」「おおお、やめろ! わしが悪かった。すべては…」「もう遅いよ」「離しました」「へー、へえ?」「おー、落ちない」「おお、おおっ、おー、浮いてる、浮いてるぞ。ほら、とうとう仙人になれただ」「く、雲に…」「旦那様、奥様。ありがとうごぜいました。本当に、ありがとうごぜいました。この御恩はお山に行っても一生忘れませんだ」「は、そんな、まさか…」「先生、奥様、お達者でえ。お達者でえ」「ああ、行ってしまった」「ハ、ハ、堪忍。どうか、堪忍しておくれ、権助」「権助、権助ええ」 ＜終り＞

[6] 아래의 일본어 질문에 일본어로 대답합시다.

① ある青年がやってきた店は、何の店でしたか。

....

② その青年が、その店にやってきた目的は何ですか。

....

③ 番頭さんは、どうして胃が痛みましたか。

....

④ 青年の年は、いくつくらいに見えましたか。

....

⑤ 青年は、どんな人に見えましたか。

....

⑥ お医者さんの奥さんは、仙人になる修業するのに、何年が必要だと言
いましたか。

....

⑦ 仙人になるための条件は何でしたか。

....

⑧ その青年は、結局どうなりましたか。

....

⑨ この話を聞いて、何を感じましたか。

....

[7] 아래의 일본어 문장을 읽고 본문 내용과 일치하는 것에는 ○를, 일치하지 않는 것에는 ×를 기입하세요.

① いろいろと細かい注文や相談にも乗るよ。さっするに給料のいいところがお望みだね。　　　　　　　　　　　　　　　　　（　　　）

② あしたまた来な。それまでに仙人修行のできる勤務先を見つけといてやるよ。　　　　　　　　　　　　　　　　　　　　　（　　　）

③ なんと仙人になりてえ、どっか仙人になれる奉公先を紹介しろって。面白い客が来やがってね。　　　　　　　　　　　　　（　　　）

④ まあ、あしたまた来いとは言っておきましたが、探したけど見つからなかったとでも言うしかありませんな。　　　　　　　（　　　）

부록

본 교재를 학습하면서 시간이 나는 대로 부록에 제시한 유튜브 동영상을 시청하시길 권장합니다. 제목을 입력하면 해당 동영상을 시청할 수 있습니다. 3개월에서 6개월 정도 시청하면 듣기 실력이 크게 향상될 것입니다. 한 가지 유의사항은 해당 동영상 내용을 100% 이해하려고 하지 마시고 대의 파악에 주력하면서 최소한 2번 정도 해당 동영상을 반복 시청하셨으면 하는 것입니다. 그러다보면 어느새 세세하게 내용을 이해하는 자신을 발견하게 될 것입니다.

- 世界の何だコレ! ミステリー[死後の世界SP! あなたは信じますか?]

  | 검색일 2017.11.23.

- 世界の何だコレ! ミステリー[今この季節に見られる! 貴重な自然現象を間近で]

  | 검색일 2017.11.23.

- 世界の何だコレ! ミステリー[NASAに真相直撃! アポロ機密文に謎の記録]

  | 검색일 2017.11.23.

- 世界の何だコレ! ミステリー[なぜ消えた?世界の失踪&消滅SP]

  | 검색일 2017.11.23.

- Aoi Bungaku Capitulo 7-kokoro(part1) 검색일 2017.11.24.

- Aoi Bungaku Capitulo 7-kokoro(part2) 검색일 2017.11.24.

- サイエンスZERO徹底解説! "宇宙の果て"に迫る! 검색일 2017.11.24.

- サイエンスZERO|1兆分の一秒を見よ!| 검색일 2017.11.24.

- サイエンスZERO|ソニックブーム!超音速旅客機の挑戦| 검색일 2017.11.24.

- サイエンスZERO|世界の観測! 重力波| 검색일 2017.11.24.

- ガッテン|世界が注目する瞑想パワー| 검색일 2017.11.25.

- ためしてガッテン|睡眠力| 검색일 2017.11.25.

- ガッテン!「解禁! 腰痛患者の8割が改善する最新メソッド」

  | 검색일 2017.11.25.

- ガッテン|やせ情報の真実 - 体重コントロール| 검색일 2017.11.25.

- ためしてガッテン秘伝!|韓国キムチ料理の神髄| 검색일 2017.11.25.

- ガッテン|風邪はノドから…。その体質に潜む病SP| 검색일 2017.11.25.

- ガッテン|交通事故のミステリー| 검색일 2017.11.25.

- 時間という財産 | Hideka Nagaoka at TEDxSaku | 검색일 2017.11.26.

- 笑いと快感 | 高須光聖 TEDxTokyo | 검색일 2017.11.26.

- 見えない風のつかみ方 - 一番になる方法 | Eiichi Tanaka | 검색일 2017.11.26.

- 見方を変える、自分が変わる | Kenta Yamashita | 검색일 2017.11.26.

- 変化の波を起こす「スイッチ」の正体 | 佐々木裕 | 검색일 2017.11.26.

- 夢をかなえるための最短の法則 | Aika Yanagisawa | 검색일 2017.11.26.

- Breakthorough 突破する〜“Zone”人間としての能力を最大限発揮する方法
  | 井原慶子 | 검색일 2017.11.26.

- どうやればうまくなるのか | 검색일 2017.11.26.

- 感動を創造する言葉の伝え方 | Masaki Sato | 검색일 2017.11.26.

- 嫌ならやめちまえ自分 | Yudai Yamazaki | TEDx Matumoto
  | 검색일 2017.11.26.

- イノベーションを生み出す仕組み | 堀江貴文 | 검색일 2017.11.27.

- 一方前へ踏み出す勇気 | Yuzi Arakawa | 검색일 2017.11.27.

- 人生の価値は、何を得るかではなく何を残すかにある | 검색일 2017.11.27.

- 人工知能の狭さ | 茂木健一郎 | TEDx Tokyo | 검색일 2017.11.27.

- サイエンスZERO | 日本人のルーツ発見 - 核DNAが解き明かす縄文人
  | 검색일 2017.11.28.

- サイエンスZERO | 絶滅の危機! 日本のコイ | 검색일 2017.11.28.

- サイエンスZERO | 驚異の大宇宙 - 火星改造! テラフォーミング最前線」| 東の伝説
  | 검색일 2017.11.28.

- サイエンスZERO | 3Dプリンター魔法の箱 | 검색일 2017.11.28.

- サイエンスZERO | 食糧危機の切り札 | 검색일 2017.11.28.

- サイエンスZERO | 七夕! 天の川銀河の姿に迫る | 검색일 2017.11.28.

- 宇宙移住2017 | 검색일 2017.11.28.

- 失敗したときは自分を褒めよう! | 丸山翔太 | 검색일 2017.11.29.

- コズミックフロント☆ NEXT | 恒星間飛行 - 人類は隣の星へ行けるのか | 검색일 2017.11.29.

- カラー第二次世界大戦 1 | 검색일 2017.11.30.

- カラー第二次世界大戦 2 | 검색일 2017.11.30.

- 戦場の真実: ミッドウェー海戦 | 검색일 2018.01.04.

- ミッドウェー海戦 | 失敗の本質 [武田鉄矢] 검색일 2018.01.04.

- ミッドウェー海戦 前篇 | 검색일 2018.01.04.

- ミッドウェー海戦 後編 | 검색일 2018.01.04.

- 真珠湾攻撃は大失敗だったのか | 검색일 2018.01.04.

- SAPIA まんが日本史 | 검색일 2018.01.04.

- <アニメ> 日本の歴史 | 검색일 2018.01.04.

- イエス・キリスト アニメーション | 검색일 2018.01.04.

- 小公女セーラー 1~60 <アニメーション> | 검색일 2018.01.04.

- 赤毛のアン <アニメーション> 1~50 | 검색일 2018.01.04.

- 心が鏡に映る話 [斎藤一人] | 검색일 2018.01.04.

- 恐れを捨てると人生が開く [斎藤一人] | 검색일 2018.01.04.

- 思考は現実化する [斎藤一人] | 검색일 2018.01.04.

- 恋愛と食事の大切なお話［斎藤一人］| 검색일 2018.01.04.

- 魂の使命にきづき愛の時代に備えるとは?［斎藤一人］| 검색일 2018.01.04.

- コレができない人は必ず人生が狂う［斎藤一人］| 검색일 2018.01.04.

- 2018年からの新しい生き方［大愚元勝の一問一答］| 검색일 2018.01.04.

- 好きな人を振り向かせるとっておきの方法 ［大愚元勝の一問一答］

  | 검색일 2018.01.04.

- モテル人・モテない人は何が違うのか［大愚元勝の一問一答］

  | 검색일 2018.01.04.

- 過去への恨みを解消する方法［大愚元勝の一問一答］| 검색일 2018.01.04.

- 映画レビュー ｜スイスアーミーマン ｜ ハリーポッター外伝の無駄話

  | 검색일 2018.01.04.

- ［教育の映画］ ヒストリー｜歴史を変えた最強の悪人10人

  | 검색일 2018.01.04.

- ［教育の映画］ ヒストリー｜坂本竜馬・新撰組が真相激白!

  | 검색일 2018.01.04.

- ［教育の映画］ ヒストリー｜織田信長のデビュー戦密着!

  | 검색일 2018.01.04.

- ［教育の映画］ ヒストリー｜桜田門外の変| 검색일 2018.01.04.

- ［コズミックフロントNEXT］｜天文学を180度変えた男コペルニウス

  | 검색일 2018.01.04.

- 池上彰のニュース そうだったのか｜中東について徹底解説

  | 검색일 2018.01.04.

• 池上彰の現代史講義 50編 | 검색일 2018.01.04.

• 池上彰 | ベトナム戦争と日本 | 검색일 2018.01.04.

• 池上彰のニュース そうだったのか!! | 昔は本当に良かった?
  | 검색일 2018.01.04.

• 池上彰緊急スペシャル | せまる北朝鮮の脅威どう守る日本!
  | 검색일 2018.01.04.

• 池上彰のやさしい経済学 | 검색일 2018.01.04.

• 池上彰さん | 仮想通貨 | 검색일 2018.01.04.

• 池上彰 学べるニュース[イスラエル編] | 검색일 2018.01.04.

• 池上彰緊急SP | よくわからないChinaのナゾ | 검색일 2018.01.04.

• 池上彰が北朝鮮を詳しく説明! | 大国が孤立させていた!
  | 검색일 2018.01.04.

• 緊急企画! | いま北朝鮮が危ない | 검색일 2018.01.04.

• エジプト大ピラミッド | 隠された王墓と財宝 | 검색일 2018.01.04.

• やりすぎ都市伝説 | 禁断の七不思議SP | 검색일 2018.01.04.

• なぜ反日の韓国が日本と国交正常化をしたのか | 검색일 2018.01.04.

• よるバス | これからどうなる北朝鮮問題 | 검색일 2018.01.04.

• イスラム教　Khaira Nuzulan | 검색일 2018.01.04.

• 徹底検証 | 日本の黒歴史 | 검색일 2018.01.04.

• 世界仰天ニュース | パパが残した教訓 | 검색일 2018.01.04.

• となりのトトロの都市伝説 | 狭山事件 | 검색일 2018.01.04.

• 円安に立ち向かう企業の戦略 | 검색일 2018.01.09

• 個人が億の資産を持つ時代 | 검색일 2018.01.09

• 安倍総理がついに[NHK]の恐ろしさを語る | 검색일 2018.01.09

• [NHKスペシャル] 和食二人の神様　最後の約束 | 검색일 2018.01.09

• リーマン予想 · 天才たちの150年の闘い | 검색일 2018.01.09

• てんぷらみかわ | 검색일 2018.01.09

• [NHKスペシャル] 人間は何を食べてきたか　アジア | 검색일 2018.01.09

• 京都 · 祇園に生きる情熱の料理人 | 검색일 2018.01.09

• [NHKスペシャル] 日本国債 | 검색일 2018.01.09

• [NHKスペシャル] ブラックホール成長の謎 | 검색일 2018.01.10

• [NHKスペシャル] 古代遺跡透視プロローグ大ピラミッド　永遠の謎に挑む

　| 검색일 2018.01.10

• 古代遺跡ロマントロイ · 伝説の戦い | 검색일 2018.01.10

• [NHKスペシャル] 脳と心 | 검색일 2018.01.10

• ドキュメンタリーイヴ仮説　最初の女性 | 검색일 2018.01.10

• [NHKスペシャル] 神の数式 | 검색일 2018.01.10

• [NHKスペシャル] 地球大進化 | 검색일 2018.01.10

• サイエンスZERO あなたを動かす時計遺伝子 | 검색일 2018.01.10

• サイエンスZERO 地球誕生のミステリー　東の伝説 | 검색일 2018.01.10

• [NHKスペシャル] 大アマゾン　最後の秘境 | 검색일 2018.01.10

• 映画 美味しんぼ | 검색일 2018.01.10

• 木曜スペ「緊急UFO現地取材特報」| 검색일 2018.01.10

- 私は森に住んでいる-野生で生き残る[森林浴] | 검색일 2018.01.11

- [NHKスペシャル] ディープ・オーシャン | 검색일 2018.01.11

- [NHKスペシャル] 祇園女たちの物語～お茶屋8代目女将 | 검색일 2018.01.11

- NHK Documentary-A Tale of love and Honor | 검색일 2018.01.11

- 京都 美しい生き方 富田屋十三代目 田中峰子さん | 검색일 2018.01.11

- [NHKスペシャル] 「フリーター417万人の衝撃」 | 검색일 2018.01.11

- 中国への移住を決めた日本の若者たち | 검색일 2018.01.11

- 一億 総中流から下流老人へ 2016 老後の現実 | 검색일 2018.01.11

- [NHKスペシャル動画] 「35歳を救え」あすの日本 | 검색일 2018.01.11

- クローズアップ現代「高齢者の大移住が始まる」 | 검색일 2018.01.11

- リストラの果てに～日雇いに流れ込む人々 | 검색일 2018.01.11

- 昔の若者 and 今の若者 | 검색일 2018.01.11

- アメリカの貧困の現実 日本の未来! | 검색일 2018.01.11

- [NHKスペシャル] 人工知能天使か悪魔か 2017年 | 검색일 2018.01.11

- 世界最強!? 人間を越えた人工知能 | 검색일 2018.01.11

- AIが暴露した恐ろしい中国の正体 | 검색일 2018.01.11

- ドキュメンタリー2017 アメリカ軍の空軍力 | 검색일 2018.01.11

- 池上彰 緊急SP よくわからないChinaのナゾ | 검색일 2018.01.11

- 日本の極秘戦闘機 | 검색일 2018.01.11

- ドキュメンタリー2017 テクノロジー | 검색일 2018.01.11

- ドキュメンタリー 宇宙探査機 | 검색일 2018.01.11

• ドキュメンタリー 国産ロケット開発史 | 검색일 2018.01.11

•[NHKスペシャル] ドラマ 東京裁判 | 검색일 2018.01.11

•[NHKスペシャル] 自然災害 | 검색일 2018.01.11

•[NHKスペシャル] CYBER SHOCK | 검색일 2018.01.11

•[NHKスペシャル] 富の攻防 メイド・イン・チャイナ 中国の戦略
| 검색일 2018.01.11

•[NHKスペシャル] いのち 瀬戸内寂聴 密着 500日 | 검색일 2018.01.11

•瀬戸内寂聴の人生相談「人生はなぜ不条理なの?」| 검색일 2018.01.11

•生きるという事 | 검색일 2018.01.11

•「なぜ生きるのか」精神科医 名越康文 | 검색일 2018.01.11

•[NHKスペシャル] 脳と心 なぜ人は愛するのか | 검색일 2018.01.11

•[NHKスペシャル] 出生前診断 その時夫婦は | 검색일 2018.01.11

•増える「生みたい女性」卵子老化 | 검색일 2018.01.11

•たけしの万物創世記 男と女〜愛の向こう側にある | 검색일 2018.01.11

•[NHKスペシャル] 脳と心 記憶 | 검색일 2018.01.11

•[NHKスペシャル] 生命大躍進 | 검색일 2018.01.11

•[NHKスペシャル] 第6集 パンドラの箱は開かれた〜未来人の設計図〜
| 검색일 2018.01.11

•驚異の小空間「細胞」大きく発展をとげた生命科学の10年 | 검색일 2018.01.11

•サイエンスZERO iPS細胞10年夢の医療はここまで来た | 검색일 2018.01.11

•[NHKスペシャル] 記憶のメカニズム | 검색일 2018.01.11

•[NHKスペシャル] プラネットアース | 검색일 2018.01.11

- [NHKスペシャル] チベット 天空の湖 標高5000Mに生きる虹

| 검색일 2018.01.11

- [NHKスペシャル] 日本人はるかな旅 マンモスハンター シベリアからの旅立ち

| 검색일 2018.01.11

- ヘブル語と日本語の類似 秦氏 | 검색일 2018.01.11

- 孤独のグルメ 大晦日スペシャル 食べ納め瀬戸内出張編 | 검색일 2018.01.11

- 孤独のグルメ お正月スペシャル 井之頭五郎の長い一日 | 검색일 2018.01.11

- きたなトラン Perfumeです | 검색일 2018.01.11

- リンカーン芸人ラーメン王決定戦 | 검색일 2018.01.11

- ベッキーVS今田東野/手加減なし! | 검색일 2018.01.11

- 探検家 成瀬陽一〜北アルプス未知の大峡谷に挑む | 검색일 2018.01.11

- クレイジージャーニー 160825 | 검색일 2018.01.11

- 最新コズミックフロント 数千億の地球 | 검색일 2018.01.11

- [山田五郎] 絵画を引き寄せる「ざっくり西洋絵画史」| 검색일 2018.01.11.

시청각으로 배우는 일본어

초판 1쇄 인쇄 2018년 2월 12일
초판 1쇄 발행 2018년 2월 26일
저 자 천호재
펴낸이 이대현
편 집 홍혜정
표 지 홍성권
펴낸곳 도서출판 역락 | **등록** 제303-2002-000014호(등록일 1999년 4월 19일)
주 소 서울시 서초구 동광로 46길 6-6(문창빌딩 2F)
전 화 02-3409-2060(편집), 2058(영업)
팩 스 02-3409-2059
이메일 youkrack@hanmail.net

ISBN 979-11-6244-134-3 03730

이 도서의 국립중앙도서관 출판예정도서목록(CIP)은 서지정보유통지원시스템 홈페이지(http://seoji.nl.go.kr)와
국가자료공동목록시스템(http://www.nl.go.kr/kolisnet)에서 이용하실 수 있습니다. (CIP제어번호: CIP2018004924)